思想觀念的帶動者

文化現象的觀察者

本土經驗的整理者

生命故事的關懷者

心靈工坊 PsyGarden

Holistic

探索身體，追求智性，呼喊靈性
攀向更高遠的意義與價值
是幸福，是恩典，更是內在心靈的基本需求
企求穿越回歸眞我的旅程

故事的療癒力量2

擁抱不完美

認回自己的故事療癒之旅

Embracing imperfection, to be yourself

作者—周志建

沒有經過掙扎的人
是不會擁有幸福的……

本書願獻給

～所有不完美的父母、
所有受苦的孩子、
及所有不放棄自己的靈魂～

來自各方的讚譽，一致真誠推薦的好書

面對自己的不完美和生命中的缺憾，需要好大的勇氣；要認回且擁抱它們更是超級「難」。因為，那先要與害怕及痛苦遭逢，並義無反顧地轉身與自己的「黑影」相遇。但志建老師做到了！

這樣的實踐，其實必須帶著誠摯的「願意」，去真實地接觸內在自我以及高度尊重生命的態度。讓我想到，完形治療創始人波爾斯（Fritz Perls）曾說過一句看似弔詭但頗富哲理的話：「只有放棄改變之後，改變才可能發生。」我的諮商經驗告訴我：所謂「放棄改變」，就是一種全然接納自己或他人的精神。因為接納所有的一切，讓我們的情緒及生命能量得以自由流動，鬆動與改變於是開始。

志建老師以坦誠與真實說故事的方式，分享一個個自我療癒與療癒他人的美好歷程。他的敘事治療充滿著溫柔與力量！

——**曹中瑋（國立台北教育大學心理與諮商學系兼任副教授、諮商心理師）**

人人都有故事，卻不見得會說故事，即使會說故事卻不一定能說得具有療癒性。志建不只是充分發揮他說故事的天份，而且還把故事說得具有療癒性。

療癒就從認識自己開始，以真誠一致與同理心面對生命故事，認回自己，進而愛自己。在志建娓娓道來的過程中，同時也促進讀者進入自己的生命故事，讓困頓的生命看見希望，並在生命的轉折處進行自我療癒，重新認識自己、重新詮釋經驗並擁抱自己的不完美，閱讀本書可說是一種集體的療癒，志建是一位具療癒性的人。

——**陳美琴（輔仁大學醫學院臨床心理學系副教授）**

歷史，英文叫做「history」——他的故事，一個民族如果沒有故事，就沒有歷史，沒有歷史，就沒有文化，也沒根底了。

人，也一樣，也是由無數個喜怒哀樂，辛酸血淚故事集合而成。

人，如果沒有故事，也就沒根了，就不會長大了。

閱讀志建的文章，心情是複雜多重的，故事精彩，文筆流暢，可以輕鬆閱讀。但是故事內容是深刻的、有血有淚的，所以無法一氣呵成，必須留白、喘息、沈澱、反思……。

也因為這是用生命寫成的故事，所以震撼性特高，啟發性也特好，影響力也就在其中了。

在志建的故事療癒中，讓大家可以安全、放心地述說自己的傷心往事，透過一次又一次的述說自己的故事，把破碎的自己，逐漸整合起來，真誠的擁抱自己的不完美，這些故事，療癒了說故事的主人翁，也療癒了閱讀故事的讀者，包括我自己。

感謝志建的好故事，這是一本助己助人的功德好書。

——**楊田林（專業人文企管講師）**

在休息的今年裡能夠閱讀這本《擁抱不完美》，其實是很感動的。我把它當成是文本，一邊閱讀，一邊反思自己的生命故事，在緩慢閱讀的過程中，間斷地停下來問自己——我為何那麼害怕犯錯？為何當別人超越我的時候，那種「輸人一等」的恐慌是如此的真實？謝謝志建，你的故事如此真誠，如此動人！

——**連廷誥（遠東科技大學旅遊事業管理學系副教授）**

治療者的狀態有時甚至比被治療者來得更耐人尋味，而所謂好的治療者必然是負傷療癒者。對我來說，志建是屬於「天生的治療者」，這樣的命格其實是咒詛亦是救贖。他透過反覆敘說自己的家族故事及敘事實踐的理念改寫了自己的故事版本，也幫助無數人跳脫了「被詛咒者」的角色，讓自己及別人得到釋懷和祝福的可能性。

——**徐立仁（精神科醫師）**

「哇」與「喔」，是看這本書，不時發出的聲音。「哇」說的是敬佩，「志建真勇敢！」。「喔」說的是一份懂得，「真實真的需要好大的勇氣！」

——**黃士鈞（哈克，潛意識諮商工作者）**

看完這本書，很喜歡，不只是用「好看」就足以形容……

內心的琴弦一直被作者及書中角色的生命故事撥動著，有好多好多的共鳴。

在一個個「原來……如此」的發現中，認回這就是我，也能看見我不只是我，而完整了想要成為自己的我。

——**林祺堂（心靈魔法師）**

〔**推薦序一**〕

為自己哭泣，因為我值得

謝文宜

當志建邀請我寫序的時候，他一直說知道我很忙碌，所以不勉強，即使是一小段話，或只是掛名推薦都可以！

和志建之間的情誼很特別，我們不算是經常聯繫的朋友，但是卻有一種心的連結，或許是我們在彼此身上，都認出了某種共通性，有種相知相惜的感覺。但我不是因為這樣才答應寫序，這段時間真的相當忙碌，不過當我讀了部分的書稿後，我跟志建說：**我想寫，因為我很有感覺！**

就在截稿的前一天，我終於看完整本書，有許多的感動與聯想，接著，療癒自然而然就產生了！我坐在床上大哭了一場，扎扎實實地哭著，像個孩子。

上個星期去幫一位好友的學生當論文口試委員，結束後一起吃便當時談到她的女兒深深被自傳劇這樣的療癒方式所吸引，我笑著說自己也想過要演一次自傳劇，還想過其中最重要的那句台詞會是什麼，她很好奇地想知道，我回答：「夠了！真是夠了！」然後我們兩個都大笑了起來。在看完志建的書，忽然想到這件事，一陣酸楚打從心底湧現，我看到了當年那個好乖巧好努力要符合大人期待的小女孩！

由於小時候爸爸媽媽好不容易得到去美國公費留學的機會，小女孩被留在很愛她的外公外婆家，身邊還有對她呵護備至的姨丈姨媽，以及陪她玩耍的六位表兄弟。爸媽覺得這是最好的安排了，的確也是。我不清楚小女孩那時候的感覺是什麼，但是在她的心裡卻出現了一個念頭：「我一定要很乖很聽話，才不會一個人被留下來！」所以她總是想當最聽話最乖巧最讓人喜愛的那個，她以為這才能換得永恆不變的愛。

但隨著年齡漸長，這件事變得越來越困難，因為不論她怎麼努力，就是無法完全達到別人的期望，尤其在親密關係中，她渴望成為對方心目中最完美的那個伴侶。有時她乾脆選擇離開，為了自己的不夠完美，為此，她吃了不少苦，過程中也傷了別人。多年來，這個小女孩是我內在很重要的一個部分，經常覺得自己還需要更努力，還做得不夠多不夠好，自我攻擊與自我懷疑像是兩個如影隨形的黑影，就像志建在書中分享的那個黑影的故事，他們都是我！其實沒有人強迫我要如何，但我有時卻好強迫自己，只為了不想讓人失望，在志建的書裡，我再次看見我對自己有多殘忍！

一路走來，為了成為別人心目中那「完美」的自己，我失去了界限，我失去了原本的夢想，最後，也失去了自己！我努力地忙碌著，因為害怕停下來的時候，忽然然會想「真正的我究竟希望的是什麼呢？」，然後伴隨我的會是一長串的沉默。今天早上，看完志建的新書，我認回也接受這樣的自己，我靜靜地陪伴著自己，心疼著自己，也為這樣的自己，好好地流淚了！

記得有一次參加知見心理學創辦人Lency的工作坊，她要我們停下來花點時間為自己辛苦的身體哭泣，我好感恩那次的經驗，今天我再一次為自己哭泣，因為我值得！夠了，就是夠了！已經五十歲的自己，可以好好為自己活了！

謝謝志建充滿療癒力量的書寫，在這本書中，志建很勇敢地做了許多自我內在的分享，沒有什麼偉大的理論或分析，就是平平實實地說故事，但每個故事都可以深深觸動人心，引起迴響，我也從中獲得許多新的力量。相信會有很多人，將會從閱讀這本書而展開自己的療癒之旅！我們一起加油！

本文作者為實踐大學家庭研究與兒童發展學系副教授

〔推薦序二〕

把傷轉化為愛的祕密，置身在此書中

黃錦敦

收到書稿隔天，我打開書讀到一半，就闔起了書本，緩緩的吐了一口氣，在書稿的頁面上寫著「真他媽的一個真實又勇敢的志建」，寫畢，內在仍震盪久久。

這樣的志建，我並不陌生，只是不知道，這次他會在讀者面前，把自己攤開得這麼透徹。在書中一篇篇的故事裡，志建直說自己的不完美、自己的傷，那像是一道道的疤，每道口子打開，看去都有痛和掙扎的痕跡，我讀着讀着，心都疼了起來。但令人激動的是，這樣的故事，即便在隱密的治療室裡要說出口，常常一字一句都是眼淚，一言一語都得耗力，**但在書裡志建卻挺起身子，一個故事挨著一個故事往裡說，這種勇氣，氣魄十足。**這是志建內蘊的力量，這也是這本書裡所傳遞出的力量：**傷和掙扎，皆尊貴如寶石。**

閩南話有句俚語說：「小孩子，有耳無嘴」，這句話的意思是小孩子只要聽話就好，不用多嘴，這是台灣主流文化裡典型的「禁口令」。在這本書裡志建用了許多故事，說關於不完美，說從父母那裡來的傷，要在華人的社會裡說這樣的故事，是多麼困難啊！因為這些事，全都要「禁口」的。在心理治療的實務經驗裡，**我看見一種傷最痛，就是那種說不出口的傷。**這樣的傷，經常因為主流文化下了「禁口令」，所以人只能扭曲自己、硬是嚥下去。就如同書中〈超渡童年的傷痛〉一文裡，故事的主角年幼時被父親友人性侵，母親知情後第一個反應就是「不能說出去」。有多少人得像這故事裡的主角一樣，傷要在心裡放了許多年，才能在因緣際會裡被認回。甚至，有人終其一生，這樣的經驗都無處可說。

這本書裡，說透了這種原本被「禁口」的傷。我想志建在書中說這些故事，早已不是為自己說，而是為了幫許多人內在那個**「無法發聲的受傷小孩」**而說的。**志建透過把自己生命裡的苦，轉化為愛，將這些無法言說的故事一一曝光。**所以，如果你心中也有被「禁口」的故事無法敘說，這會是本非常適合你的書。**你無法說，就讓志建說給你聽**，讓他的聲音來照顧你內在的孩子，共振深藏在你內心的情感與傷痛，讓你得以重新看見自己。當然，如果你是一位生命的陪伴者，那這本書更值得你擁攬閱讀，**因為把傷轉化為愛的祕密，置身於此**。

這本書，雖開宗明義要說人生的不完美，說生命裡的傷。但整本書閱讀下來，你會發現「不完美」和「傷」其實都不是重點，**她們就像是李安的電影《少年PI的**

奇幻旅程》裡的老虎一樣，是造就我們不凡人生的必要。就如志建在書裡說的「我們在這樣的生命中很受苦，卻也因此長出了力量，這就是生命力。」、「原來人生走這一遭……我們唯一想要擁有的，只有愛；而唯一要學習的，也是愛」。從「不完美」到「生命力」，從「傷」到「學習愛」，在這本書裡，志建以靈性的視野，敘事的通道，重新定義了生命裡的不完「美」。

這幾年，我看見志建在困境裡書寫，在愉悅裡也書寫，書寫已經成為他接觸自己最順暢的管道。所以，志建不是為了出版而書寫，**他是為了生命而書寫，這樣的書寫，純粹又有勁道。**心裡真正高興，能見證了這本書的出版，對於想活出真實人生的朋友，這是很大的福氣。

本文作者為敘事取向訓練講師、督導、心理師

〔推薦序三〕

擁抱真實的自己

陳盈君

認識志建十多年了，看著他一直走在自我獨特風格的敘事與靈性的道路上，真替他開心！而我對他最多的認識，就是關於「真實」這件事！

志建是個很經典的說書人，除了唱作俱佳的說故事功力外，同時他本身更是個很「真實的人」，只要你看進這本書的故事，裡面其實就是「真實」兩個字！

志建寫他自己的故事

毫不隱晦，更毫無遮蓋地描述自己生命中的情境，細膩地刻劃了他在事件中的轉折與覺察，把每個看見與覺察都如實地記錄下來，並且從排拒自己的不完美、挑剔自己，到接納自己「我就是這樣的人」，讓我十分佩服！

志建寫他室友的故事

我就像看小說一般，一開始的段落處，我看得非常緊張，也突然驚覺「怎麼可以把別人的事情寫成這樣」的碎念在心裡冒出來，同時也認為「又不是什麼讚美的事情，難道不怕別人看到之後會怎麼想嗎？」但讀著讀著到後段時卻發現，整段的重點根本不是在講「室友做了什麼」，而是在說「他如何覺知自己？如何看到自己的限制與獨特性，進而能不委屈自己並接納自己的獨特」。我要大大感謝志建把這過程寫出來，它幫助我看見我自己的「要求完美、在意別人眼光、要講好的面向才是得體完美」性格，透過這個過程的理解，大大的點醒了我自己，當我看見了這一點時，突然也在內心深處鬆了一口氣（呼！~）。志建只是說了一個簡單的故事，卻意外轉動了我生命解構的能量！

志建寫他母親的故事

這個篇章，是全書中最讓我觸動的部分。看著這些文字，我心中浮現出各種畫面，讀著讀著，我也同步被療癒了。其實，我有著跟他完全不同版本的母親。我這樣說，並不是說「他的生命比我慘，所以我就被療癒了」，不是，而是透過這樣「對比」的版本，讓我對自己、對母親都同時產生了新的認識，對過往這些生命經驗也重新看待，因此我被療癒了！

其實，我的母親是非常完美的，因此，我在她眼中就顯得相對「不完美」。她會覺得我老是做得不夠、做得不夠好，要像她這樣才行！在她完美的期待裡，我永遠都是不完美。於是，我從小開始總是拚了命的在心中叛逆並反抗權力者或主流文化，但在行為上卻又無意識地遵照主流的期待去滿足我們文化裡的完美要求。就在自己成為治療師的過程中，我也才真正有意識地發現這些「自我要求」的背後，並不是誰在影響我，而是我自己把我自己緊緊地抓住，並將自己置身在一個「完美、不許出錯」的位置上。讀到這裡，我再次深深地感謝志建寫了這段與母親的互動，再次注入轉動我生命的解構能量！

志建也寫了許多他陪伴過的個案的生命故事

每個故事都好好聽，如同一篇篇動人的樂章，那是在諮商室中交織出來的生命美景。

聽過志建講話的人，大概都會跟我有同樣的感覺。讀著這些故事的文字，就像老朋友在你耳邊說故事一般，自然親切，也提醒了我們接納並擁抱自己的一切。

恭喜志建第二本書出版，帶給讀者更多「認出自己」的幸福元素，真誠推薦給大家！

本文作者為左西人文空間主持人、諮商心理師、身心靈推廣者

〔推薦序四〕

缺口，讓故事填補

賴佩霞

心結解了，不完美也就不存在了。但問題是，心結如何解開？

把自己認為不堪的成長歷程攤在陽光下，談何容易？我花了二十多年的時間把自己私密的哀傷包覆起來，深怕結痂的傷口再次被劃開而血流不止。曾經無語問蒼天的無助令我心寒，曾經滲入骨髓的孤寂教人無法承受。還有什麼比「沒有人能幫我」更令人沮喪？

除非夠安全，否則，「自我保護」是人與生俱來的生存機制。過往的我，之所以把痛苦往肚裡吞，主要來自「不安全」。透過從不安全中復原，才隱約了解，以往根本打從心裡不相信人，當然也不相信自己。

這當然不是我的錯；安全感乃是來自生命體驗，絕非來自理性分析、判斷或選擇。試問，沒有體驗過可信任的人，又如何相信人？

解開心結，話說不難，只要把糾結的故事說出來就解了。但如何找到對的人、對的空間才是更重要的關鍵。

我喜歡作者稱他提供出來的私密學習空間為「私塾」，它聽起來像是一個兼具隱私與智慧的好地方。沒錯，這樣的空間需要有疼惜生命的智者來參與才是。我之所以能把隱藏多年的私密故事說出來、寫出來，甚至享有今天的幸福，完全拜二十多年來參加類似心理課程所賜。

以我的經驗來說，我的傷痛完全是因為成長課程才得以療癒。以往，生活周遭，並沒有任何懂得陪伴傷痛的人。因此，它常年封鎖在我心底，無解。直到我開始進入成長團體，聽到一篇篇真情至性的生命告白、見識到人性無限崇高的寬容，才找到出口。無論曾經多麼坎坷，透過分享，人們似乎都可以放下，從此，我也跟著轉變，不再向老天爺追究，為何煉獄般試煉會降臨在無辜的自己身上。我看到不堪的過往一一剝落，開始產生力量。

生平第一次，我體驗到被支持、疼惜與絲毫沒有被評斷。原來，只要有機會跟對的人一起體驗人性至高的良善，再深的疑慮及陰霾都會被驅散；原來，有了信任與支持，再沈痛的哀傷都可以化為仁慈。從此，我開始信任別人、信任自己，也信任這個世界。

經驗告訴我，真誠的人與空間對一個人的靈性發展何其重要。「真誠」蛻變了我，「故事」釋放了我。作者提供珍貴的空間，讓人體驗真性情，同時透過這本書讓更多人理解坦誠的價值。畢竟，領回自己種種不完美，是自己的事。

作者細膩的心思及追根究底的態度讓我激賞，當然，他的熱情與真誠更處處可見。現在，何不隨著作者的故事，讓自己的故事也跟著鬆綁，透過了解，為自己璀璨人生跨出一大步。走著走著，終將發現，心結解了，不完美也跟著不復存在。

本文作者為魅麗雜誌發行人、身心靈成長導師、作家

目錄

contents

目錄

contents

〔前言〕

故事，創造一種集體的療癒

去年秋天因為出了一本書《故事的療癒力量》，因而改變了我的生活。本以為，我只是單純地說故事，單純地分享自己這十幾年的敘事經驗，說完，故事就該結束了，不是嗎？

喔，沒那麼簡單。

我十分訝異，因為我的書、我的故事，竟然創造了許多陌生朋友跟我的生命連結，當然，他們每個人都是「受苦、但不放棄的靈魂」。

半年來，幾乎每天我都會收到來自台灣、大陸讀者的來信（甚至還有香港、馬來西亞），信中，他們勇敢地跟我分享看我的書的感動、從我的故事裡如何看見自己，很多人都說他們是邊看邊哭的，甚至，有人乾脆給我寫長長的信，跟我分享他們掙扎的生命故事。

收到這樣的信，感動萬分。讀著這些故事，與每個受苦的靈魂相逢，經常叫我紅著眼眶，深深呼吸著；然後想著：我何德何能，竟然可以讓這些朋友如此信任我，願意將生命「託付」在我手中。**別忘了，「故事就是生命」。**

對待故事，我始終是禮敬的。

很感動有人願意掏心掏肺跟我分享生命故事，剛開始，我認真地閱讀、也認真地回應，但這卻花費我不少時間與精力。直到有一天，我發現，這樣不行，我太滿了，我裝不下去了，我意識到：我還要生活、還要工作。因此，後期的讀者來信，我只能盡量做簡單回應，感謝他們的信任與分享。這點，真的要請讀者們體諒包容。對，我承認：我無法滿足每一個人，我是不完美的。這點，我得學習「全然接受」。

但在眾多來信中，有一種故事很激勵我。

有人告訴我，我的故事激勵了他／她，也改變了他們。對，很多人因為這本書於是做了新的決定：有人決定離職、有人決定結束一段關係、有人決定去旅行、有人決定考心理諮商所、想當心理師、有人決定好好的活下去……。

「你的決定，決定了你的人生。」這些人因為這些決定，從此人生有了改變，走向一條新的道路。在敘事裡，這叫：**「重寫生命故事」**。

這些故事，大大地激勵了我。

我的書及故事能造成如此的影響力，我始料未及。後來我跟朋友說：**我知道故事**

很有力量，但我不知道故事的力量竟然「如此大」。

其中有兩個故事，最叫我感動，我一定要分享。

今年一月，我在北京有一場大型演講。演講完畢，聽眾排著長長的隊伍準備給我簽書。簽到一半，一位中年婦女走到我的面前，眼神專注地看著我，然後紅了眼眶。當時，我嚇一跳。突然，她緩緩地說：「周老師，感謝你的書，它救了我一命。」

我愣在那裡。表情驚訝，不知該如何回應。

然後，她接著說：「去年秋天，我得了抑鬱症（就是憂鬱症），一直想自殺，連我的諮詢師也束手無策，有一天她跟我說：『就算妳要死，也先把這本書看完再說吧。』她把你的書丟給我、要我看。我花了三天看完，邊看邊哭，然後跑去跟我的諮詢師說：『我會好好活下去的。』」說完，她淚雨如注。我依然無言，紅著眼眶。

另一個故事，是在台灣。

有一天下午，我突然接到一個陌生男子打電話給我，他二話不說劈頭就罵我，批評我寫這樣的書會害人，還問我在哪一間大學任教，要去學校告我的狀（聽到這裡，我很清楚知道：這人不是我的讀者，他根本沒看過我的書。書上寫得很清楚，我是自由工作者啊，他竟然不知道）。

被罵得莫名其妙，我心裡很不舒服。直到晚上，真相大白。

晚上我又接到另一位陌生女子電話。她說：「周老師，很抱歉，我先生下午打電話騷擾你，對你很不禮貌，真的很對不起。」

我問她到底發生了什麼事？她說，她先生會酗酒，長期對她精神虐待、用粗話罵她、甚至打她，但她覺得「家醜不可外揚」，一直隱忍著，不敢說、也不敢離婚，抗憂鬱的藥持續吃了好幾年。

「有一天我去醫院回診，我的精神科醫生看不下去，他推薦我看你的書，我買回來兩天就看完了。然後，我每天就抱著這本書反覆看，吃飯看、睡覺也看。邊看邊哭。」

「昨天，我先生又喝醉酒、罵我，甚至想動粗，但這次我瞪著他、跟他說：『你敢再動我一根汗毛試試看，我一定告你、跟你離婚！』」（聽到這裡，我的眼淚就飆出來了）

這位女士瞬間變成一個「巨人」。她好有力量。

那晚，她沒有被打。第一次，她為自己「挺身而出」。

我終於明白那通男子的電話是怎麼一回事了。

是的，是我「害」他不能繼續虐待他老婆。他的老婆竟敢「頂嘴」、想告他，是我害他不能繼續使用暴力控制他老婆的。

我很高興，我「害」了他。

最後，那位女士向我表達深深感謝：「我真的受夠了，我要開始學會愛自己，謝謝你的書帶給我力量。」

這些故事，帶給我極大的震撼與啟示。

真要感謝這本書，讓我有機會可以跟這麼多受苦的靈魂深深連結，當中，叫我再次充分感受到：故事的神奇療癒力量。

於是，我在想：如果我只是單純、老老實實地說故事，這樣就可以在無形中幫到一些人，那我為什麼不做呢？這便是我今年願意繼續寫第二本書的動機。

是的，這本書可以當作是上一本《故事的療癒力量》的延續。我繼續說著我的生命故事，以及我做敘事諮商工作的故事。如蘇格拉底所說：「**沒有經過反省的人生，是不值得活的人生。**」在還沒有給出故事之前，我們永遠不知道「自己是誰」。故事給出一種明白，一種看見。

尤其在這本書裡，我說了更多關於自己不完美的生命故事。

是的，我有一個不完美的人生、不完美的家庭，我本身也是一個不完美的人。這些，通通要認回來。「**我不用完美，但我要完整**」，這句話在我的第一本書裡出現過，叫許多讀者受益。

說著自己不完美的故事，除了認回自己，讓自己更完整，當中，我也看見自己的勇氣與力量。如同《不完美的禮物：放下「應該」的你，擁抱真實的自己》（*The Gifts of Imperfection: Let Go of Who You Think You're Supposed to Be and Embrace Who You Are*）的作者布芮尼．布朗（Brené Brown）所言：「**揭露自己的故事，並且在過程中愛自己，會是我們所行之事中，最勇敢的一件事。**」

是的，說故事是一件「愛自己」的事，因為它也是一種自我療癒。更神奇的是：說故事不只療癒自己，無形中，也療癒了他人。這幾年，我的敘事工作坊、私塾，就是在經驗這件事，我們在彼此的故事裡，看見彼此、也療癒彼此。故事，創造出一種集體療癒的效果與行動。

許多讀者來信告訴我，因為我的書、我的故事，叫他們的生命，有了新的看見與改變，透過這些讀者的迴響，我才知道：原來，**在故事中，我們是一體的**（We are the one）。

一人故事，眾人故事。**在故事中，讓我們得以擁抱不完美、擁抱生命，並發現：這是人性的共通處。**如同厄尼斯特．科茲（Ernest Kurtz）[1]所說：「**不完美是我們與別人最大的共同處。**」說得真好。讓我們能夠彼此靠近的，其實都是因為我們的「不完美」，而絕不是我們的優點、長處。

說故事，得從生命的斷裂處開始。這個「斷裂處」，就是讓我們傷痛的不完美處。在生命的裂縫裡，藏著上帝的恩典，我們得去尋找；透過說故事，讓我們看見生命的恩典。

說故事，讓我看見自己、認識自己，也更擁抱真實卻不完美的自己。在故事中，讓我們踏踏實實地跟自己的「在」一起。（這就是「我說，故我在」）

在這本書裡，我說了很多關於自己不完美的母親、不完美的自己的故事。唉，對於要如此「厚顏無恥」地暴露自己的不完美，我不是沒掙扎過，當然有，心裡還是會掙扎的，相信我。只是，我依然相信，這件事是值得我去做的，故事的療癒，得從我以身作則開始。如果讀者從我的故事裡，也可以把自己的不完美給認回來，那就值得了。

最後，感謝心靈工坊願意繼續支持我說故事、出版這本書；更感謝我的個案、參

1《誰能寫出玫瑰的味道》一書作者。本書的英文全名是：The Spirituality of Imperfection，直譯便是「不完美的靈性」。

加我私塾工作坊的學員，沒有你們，就沒有敘事實踐，也就沒有這些故事。這本書有些故事，如果是出自他們身上的，都有經過「化名」與大量修飾處理，目的在尊重其個人隱私。如果還有其他不完善之處，敬請不吝指教，當然更歡迎讀者與我分享您的閱讀心得。

因為故事，叫我們同在。

因為故事，讓我們感受到生命的溫度與力量。

因為故事，叫我們活著、不再孤單。

因為故事，讓我們擁抱不完美，並活出真實的自我。

切記，我們都不完美，但我們都足夠好了。故事的療癒力量，就是這樣來的。

第一章

認回每一個不完美的自己

當一個人能夠真實地接觸自我
看見、不批判
接納、不否定
如實觀照、反思
對我來說，
這就是修行了。

1. 認回孤單

如果否認了生命裡的孤單，
於是也否定了自己的存在，
這，才會叫自己更孤單。

人，生而孤獨。其實，從小我就是一個孤單的孩子。

在長長的書寫裡，叫我認回了自己的孤單。後來，在我孤單的故事裡，讓別人也遇見了他自己的孤單。於是，我才明白了「人，生而孤獨」這句話。於是也才知道：

如果人否認了生命裡的孤單，才會叫自己更孤單。

孤獨，如果是生命中的必然，那就轉身、認回，看個透吧。

進入我的孤單，叫我得以靠近自己，並與他人的孤獨同在。

於是，我想說故事：說我孤單的故事。

故事，就從一個夢說起吧。

◆夢

有一年春天，接近清明時分，一連下了好幾天雨，我的心被滴滴答答的雨聲敲出一個、一個洞，那是寂寞的洞。於是，在一個天將亮的清晨裡，我做了一個夢。

夢裡，我跟我兩個姪子在玩，其實他們現在都已經長大成人了，但在夢裡，他們變成了小孩，而且是身體很小的小孩，像卡通裡面，把小孩子畫得很小、很小、很可愛的那樣。小小的身體，圓滾滾的臉，小孩用單純的眼睛看著我、跟我說話，一直笑、一直笑，笑得很開心。不一會兒，他們爬到我身上，像松鼠一般，在我身上到處竄來竄去，玩得不亦樂乎。

夢中的我，玩得好開心。記憶中，我不曾這麼跟小孩子玩過。

不一會兒，他們突然長大了，變成了大人。

接著，我們玩著互揹的遊戲。一下子是我揹姪子、一下子換成姪子揹我，我們玩得不亦樂乎，笑聲連連。夢中，我有點擔心姪子揹不動我，但他卻可以，他揹著我，開心得大聲笑，然後一直跑、一直跑。哈、哈、哈，笑聲穿透天際……

忽然間，我醒了。

醒來時，嘴角還殘留著夢裡的微笑，有一種說不出的幸福，洋溢在心頭。在那個當下，我以為，姪子還貼在我背上，因為背上餘溫猶存。

喔，原來是一場夢……。

童年的孤寂

醒來後，打開窗，望著窗外濕冷的天氣，吸了一口冷空氣，也嘆了一口氣。此刻，整棟房子，只有我，一個人。

幽幽地坐回床上，繼續回味著夢裡的笑聲與歡樂，我想要抓住幸福的餘溫。

突然間，我想起了就在上個月，我也做過類似的夢。

那一次，我夢見自己出現在一所高中，看見一群高中生在教室裡打打鬧鬧、玩成一片。那次夢裡，我像個隱形人，在一旁觀看年輕人打鬧，同時也感染著他們的青春氣息，那個當下，心情十分愉悅。

那一次，從夢中醒來時，一樣有一種滿足、喜悅感，心裡暖暖的。

為什麼會做這樣的夢呢？我自忖著。

不久之後，我意識到一件事：我看見我的孤單。對，我很孤單。從小到大、一直如此。

這兩次夢中的場景，對我來說是很陌生的經驗。從小，很少有人這樣逗著我玩、逗我開心；從小，也很少有人這樣開心地揹著我、逗著我笑。印象中，我經常是孤單一個人的。孤獨，是我童年的寫照。

小時候家貧，父母為了生計必須出外勞動、做小生意，所以經常把我放在家裡。那時候我大約四、五歲吧，我經常是一個人在家的，兄姊都去上學了，我沒上學，或許是家貧，父母沒讓我上幼稚園。

在四、五歲之前呢？當我還是嬰兒的時候，據說母親揹著我到處擺地攤、做生意。我當然不記得了。但我想這應該是真的吧，因為我有一點O型腿，據說那就是小孩子揹在後面太久所造成的。

小時候的我，在母親的背上，除了母親的體溫，就是一個人。母親忙著做生意，無暇管我，我只是依附在她背上的一個「東西」。

有一次，我哭鬧得很凶，一位跟母親買東西的婦人好心跟母親說：「妳的孩子餓了，趕快帶他回家餵奶吧。」此刻，母親才意識到，原來，她的背後還有一個我，而且我餓了。這是母親前幾年才跟我說的故事。

等到兩歲以後，我可以爬、可以走時，我就離開了母親的背。

那時，我還無法獨立在家，於是母親依然帶著我到市場跟她一起擺地攤做生意。人來人往中，母親忙著吆喝賣東西、招呼客人，賺錢維持生計，是母親的第一要務。而我呢？離開了母親的背，小小的我，一個人，處在人潮中，不是滿地爬、就是呆呆地坐在地上，望著人來人往，等待母親收工。那個等待，是漫長的，但我也習慣了。在長長的等待裡，我一個人，發呆，沒人理。

喔，原來我的孤單，是這樣來的。

等到四、五歲，當我可以自己一個人料理飲食時，母親就把我一個人放在家裡了。我不再成為她東奔西跑的包袱累贅。那時候，母親依舊很拚，每天早出晚歸，一個人揹著大大的背包，裡面裝滿著兜售的物品，外出賺錢打拚。

那段一個人在家裡的日子，我依稀有些印象。

記得，我經常在家門口外五十公尺的一棵大龍眼樹下玩耍，等待家人回來。記憶中的大樹，是一棵茂盛的龍眼樹，高大濃密，它取代了母親的背，成為我童年唯一的依靠。

每天，日升日落，在大樹下，我玩著樹枝、聽著風聲、對著天空發呆，打發一整天。信不信由你，那時候，我一個人在樹底下，經常喃喃自語，對著樹、對著空氣說話，甚至，跟一些看不到的東西說話。

有一年秋天，我坐在樹下，望著一旁秋收的稻田，一群農夫正忙著收割。每到中午，農婦會送來豐盛的午餐和點心，然後，好心的農夫會端來一塊糯米糕或一碗綠豆湯給我吃。那一年秋天，樹下的我，開始跟人有了連結。

吃著溫暖的食物，農夫每次都問我是誰家的孩子。每次，我都低著頭、只顧喝湯、不說話。然後，在那個秋收的季節裡，每天我都會出現在田埂邊，依舊一個人，發呆，然後每天上下午各一次，好心的農夫會來分我點心吃。喔，那是一個溫暖的秋天。

有一天，農夫給我一碗紅豆湯後，再次問我的名字，我依舊不答，然後他轉身，跟旁邊的農夫說：「真可憐，這孩子是啞巴。」

是的，從小我就是一個安靜的人。那份安靜是跟人的關係斷裂所造成的。

前幾年過年，大我一歲的表姊還跟我說，她對我小時候最深刻的記憶就是：我經常坐在田埂邊，一個人對著天空發呆，一坐就坐好幾個鐘頭。那個田埂，就離龍眼樹十公尺的地方。

等到上了小學，我還是一個人。

那時小學一、二年級，只讀半天，因為教室不夠，所以一、二年級需輪流使用教室。如果我下午上課，早上我就會一個人在家，等到中午時，自己去廚房熱菜吃。飯菜是媽媽一早出門時，留在餐桌上的，自己弄熱來吃，吃完，再自己一個人走半小時的路去上學。

每次我跟朋友講這個故事，他們都不信，覺得我在編故事。「太誇張了吧。」朋友說。如果是現在，根據兒少保護法，我的父母這樣把我單獨留在家裡，絕對是犯法的。但是，法律哪裡知道，以前貧窮人家，為了餬一口飯吃，父母得出外打拚的辛苦與不得已。

貧窮與匱乏，會逼著孩子長大。貧窮家裡的孩子，很早就得學會獨立、自立自強，這是生存之道。

我當然知道，這不是父母的錯，也不是我的父母不愛我，那是大環境造成的。按照馬斯洛（Maslow）的需求理論，當時我的家還停留在基本的生理需求，那是一種「生存焦慮」的求生存階段。這些，不是有錢人家、也不是冰冷的法律，可以理解明白的。

◆貧窮與自卑

於是我終於明白：我獨立自主的生存之道，是怎麼來的了。

生長在那樣的大環境、貧窮的年代、藍領階級的家庭裡，你不得不長大，不得不自立自強。這一切，都是為了生存、生存、生存。

說完了故事，於是我也漸漸明瞭：這個生存之道，帶給我的日後影響是什麼？對，當我學會了獨立、不依靠別人、一切都自己打理時，我自然也變得孤單、孤僻、不合群。一直到現在，我還是不擅長跟人「合作」，雖然我也很渴望跟人一起完成一件事的感覺。如好友D所說：我能力太強了，很多事一個人就可以搞定，根本不需要別人。這是真的，我經常覺得一個人反而好做事。

記得剛上小學一年級時，我好焦慮。

我的焦慮，跟一般孩子的焦慮不同。很多小學生的上學焦慮是來自與父母的「分離焦慮」，但我不是。從三、四歲起，父母就經常不在家，都是我一個人，我早已習慣分離、習慣孤獨了。我的焦慮反而是，我不知道要如何跟一群陌生人相處，我更不知道如何跟一樣年紀的孩子玩耍、互動。

那時候小小的我，真的很焦慮。

小一時，我很怕生，記得第一次去學校的我焦慮到連下課都不敢出去玩，包括上廁所也不敢去，結果，我就直接坐在教室、尿濕褲子。然後，這件事後來成為全班的笑柄，於是，我就更退縮、更自閉了。

這也是讓我自卑的開始。

從小孤單的我，經常一個人，很晚社會化。進入小學，我開始意識到別人的存在，也開始意識到：我跟別人的「不同」。這個不同，讓我很自卑，也讓我被「邊緣化」。貧窮與人際的失能，都很叫人自卑，這是我小時候深刻的記憶。

◆自我救贖之道

學習心理諮商，將近二十五年，在生命走入秋天之際，回首人生，說著自己從小孤單的故事，我於是明瞭了：自己為什麼會走上心理助人工作者這條路？原來，這是一條「自我救贖」之道。

小時候的貧窮、父母為了求生存造成對我的忽略，這些雖然讓我很早就學會獨立自主，但是，如今我才明白：我內心有一個小男孩，他渴望愛、渴望被照顧呵護，這個小男孩很想被看見，他的需求需要被滿足。而且我也知道，這個愛的需求，一直都在，它不會因為我長大成人，功成名就而消失。

研習心理學以後，我更加明白：**貧窮與物質的匱乏其實並不可怕，可怕的是，愛**

與關係的匱乏。

當年母親的生存焦慮，已經大到無法去給出愛來，我必須承認：從小我的愛的「奶水」是不足的。雖然我知道這不能怪她，母親本身是先天不足，她從小就沒有被愛夠，她的父母是剝削型的父母；但此刻，我卻不能否認自己內在小孩的愛的匱乏與需求。

我也知道，其實他們是愛我的，他們盡力了，不然不會拚命去賺錢，好讓我們一家人可以溫飽、存活，不是嗎？但我也必須承認：這個愛（奶水），是不夠的，對當時那個小男孩而言。

從小我就不哭、不鬧，在當時那個物質與愛同時匱乏的大環境下，凡事考量的只有：「生存」。於是，我自動地變成一個乖順懂事的孩子，安安靜靜待在自己的世界裡。孤單、自由。

現在回觀，當然理解那份過度的成熟與懂事，其實是壓抑。壓抑，切斷了內在本我的需求與渴望，這件事，是需要付出代價的。雖然獨立讓我得以存活，活得堅強又能幹（像我媽一樣），但獨立也讓我孤單，並與他人產生斷裂。

早上的夢裡，叫我遇見了自己內在孤單的小男孩。回顧兒時過往，去面對自己不完美的人生，更叫我明白一件事：孤單，是我的生命本質。而我會走上心理助人之路，其實也是想要認回我內在那個孤單的小男孩。

說故事，認回自己的同時，我也在療癒內在那個孤單的小男孩。

2. 夢的領悟，黑影的隱喻

直到今日，透過這個夢，
讓內心那個小男孩，才得以被我這個「父母」，
以充滿愛意的方式，給認了回來。

說完以上的故事後，我終於明白：為什麼我這麼能夠同理我的案主了。因為我從個案身上，看見了自己。我自己走得有多深，於是我就能進入別人的生命有多深。當我看見了自己的孤單，於是我也才能同時看見案主生命裡的孤單寂寞。

成為心理助人工作者，讓我享受著跟人的親密互動，這是我要的。聆聽故事，藉由別人的生命，我同時也進入自己的內心世界，當我進入那幽暗深遠的黑洞之後，於是讓我同時看見自己與案主的內在小孩，那個一直渴望被理解、被擁抱的小孩。

我想，我今生的任務，就是去解救自己那個小男孩吧。

敘事講「互為主體」，當我靠近了自己的內在小孩，於是我才可能去靠近他人的內在小孩。這十多年來，我致力於敘事諮商、聆聽著別人的生命故事，原來，我在努力把自己變成一個「好父母」，藉由聆聽別人內在小孩的聲音，其實是去聆聽自己內在小男孩的聲音；我試著學習愛別人，其實是在學習如何愛自己。

愛自己，是需要學習的，相信我。尤其當你是從小處於愛的匱乏狀態時。

在國、高中的時候，我經常羨慕那些有一大堆朋友、可以輕易跟人說說笑笑、建立親密關係的同學。那時候，我缺乏這種能力也缺乏這種關係，直到近不惑之年後，我才開始學會跟人深談，說內心事的。這都要歸功於「敘事」。敘事這件事，我是徹徹底底、先實踐在自己身上的。你不能給別人你身上沒有的東西。透過說故事、聽故事，讓我與自己有了深深連結，進而，才能跟他人產生親密的連結。

再回顧那天清晨做的夢，夢中的我，充滿了愛意，跟著姪子一起玩耍，那一刻，我好開心。此刻，**我突然領悟到：夢中的孩子，其實就是我自己。**

其實我是在跟自己玩，我在揹我自己。原來，現在的我，已經有能力愛自己、有能力擁抱自己的內在小孩了。這個發現，叫我感動得熱淚盈眶。

是的，直到今日，這個夢不只叫我認回自己的孤單，更讓我以一個「好父母」且充滿愛意的方式，去認回來那個小男孩。這是一個充滿自我療癒的夢。

◆轉身面對黑影

從一個夢，說著自己孤單的童年，同時也去認回童年孤單的自己，這就是故事療癒。過去所有的發生與不完美，除非你轉身面對，與它相遇，才能叫那個經驗得以「安歇」、被安頓。不然，它會成為一個陰影，一輩子與你相隨，叫人痛苦不堪。

此刻，我突然想起一個故事，一個隱喻。這個隱喻出自於《地海巫師》（*A Wizard of Earthsea*）這本奇幻小說。

書裡描述巫師「格得」如何學習巫術成為大法師的過程。年輕氣盛的格得在巫師學院時，一直是個表現優秀、領悟力高的巫師，所以很驕傲自大、目中無人。他的同伴很不服氣、經常挑戰他，而他也喜歡接受挑戰，得意地展現自己的魔法實力、想叫人屈服。

據說，在所有法術中最難的是：把黑影、黑暗的力量召喚出來，然後再把它們收回去。一般巫師都不會，但是格得會，因為他非常聰穎，領悟力過人。有一次，在同學的挑釁下，他又把黑影、黑暗的力量召喚出來，但這一次，他卻收不回去了，畢竟，他還是個年輕的巫師。

於是，黑影就每天如影隨形，不斷地傷害他、迫害他，而且會幻化成他的影像，到處做出傷天害理的事，所以他也一天到晚被人追殺。

格得因此很痛苦，一路逃亡，不知所措。於是他想起在巫術世界裡的傳說，要制服黑暗力量只有一個辦法，那就是找到它的真名，喊出它的名字，黑影就會被你制伏。

格得花了很長時間尋找黑影的名字，但始終無功而返。

有一天，他又被黑影追殺。這次，他逃到天涯海角，面對懸崖無路可逃時，他決定放棄逃亡。於是，他突然轉身面對黑影。就在他面對黑影時，逃無可逃的他內心竟然湧上一股巨大的悲傷，然後，他對著黑影大聲喊出自己的名字：「格得、格得！」剎那間，黑影瞬間消失。黑影被收服了。

這是一則隱喻故事，其實「黑影就是自己，自己就是黑影」。

說故事，認出自己的黑影

有一天，一位年輕個案跟我晤談，談到自己的童年經驗，在他的故事裡，我看見了深深的孤單。當然，在他的孤單裡，同時我也遇見自己的孤單。於是，那一天，我突然有個靈感，特別想跟他分享這個隱喻故事。

案主很認真地聽完這則故事，聽完後，他把背靠在沙發上，抬頭，沉思了好一會兒後，才回神，把眼睛轉向我，對我說：「這真是一個好故事，我一直沒辦法面對過去被二一退學的陰影，所以才會躲進電玩世界裡，麻痺自己。」

接著，案主跟我說了一個自己當年如何被二一退學的故事。

當他說故事時，他變成「格得」了。就在說故事的當下，他轉身面對了那個一天到晚追殺他的巨大黑影。那一天，他跟我說了好多、好多故事，當下，他決定不再隱藏、不再逃避。說完故事後，他神情變得好放鬆。他自由了。

這就是故事的神奇療癒。當我們轉身，面對黑影時，它就不再是黑影，不會再繼續追殺我們。

這幾年做敘事，聆聽著案主的故事，其實我在做的，就是幫助每個人勇敢地面對自己的「黑影」，重新叫出自己的名字。就如同我這些年，說著自己的故事，去面對自己的黑影一樣。

「**以自己的名字，叫出黑影的名字，藉此使自己完整，成為一個人。一個瞭解整體真正自我的人，除了自己以外，他不可能被任何力量利用或占有。**」有一天，我在

《心靈祕徑：11個生命蛻變的故事》一書上看到這段話，剛好給故事的療癒，下了最佳的註解。

這幾年聆聽許多生命故事，我深切體認到：生命的本質，就是孤單。我的孤單不管是出自先天或是後天，我都得轉身回頭，去認了它。然後，奇怪的是：當我說著故事，認回我的孤單的那一刻，孤單也在瞬間消失了，如同追殺得格的黑影消失一般。

說故事的那一刻，我與我自己及我的孤單同在。同時在這一刻，我的心是滿滿的，不再空洞、孤單。

3. 在每個發生裡，看見自己

不管你懷著多大的善意，仍然會遭遇惡意；
不管你抱著多深的真誠，仍然會遭到懷疑；
無論你呈獻多少柔軟，仍要面對刻薄，
但請記住，
你的人生是你的，不是任何人的。

——扎西拉姆．多多

有一天打開臉書，突然驚見有人在我的臉書上這樣留言：「夠了，有夠自戀。」當下臉立刻刷了一下，脹紅，心跳加快。（嗯，依照布朗博士的羞愧研究，這是典型羞愧的生理反應沒錯。）

被批評得莫名其妙，讓人不知所措。我真的不知道是怎麼一回事，但這個語言，像一根毒針，突然冷不防地射進心坎裡，叫我感到羞愧與不悅。

羞愧之餘，我感到相當震驚。（我有得罪誰嗎？）

不管是日常生活或臉書，我幾乎很少跟人爭執或口出惡言。我自忖著：「我一向和善待人，沒得罪過人呀，怎麼會有人批評我呢？」深深不解。但我得承認：當下心裡真的很不舒服。尤其是剛看到的那一分鐘裡，我甚至憤而立刻關掉臉書。

一分鐘過後，我深深吸了一口氣，讓自己恢復理性，去面對剛剛那個生氣與羞愧的自己。然後，我想弄清楚，他是誰？為什麼要說這樣的話？

當我再打開電腦時，心，依然微微地顫抖著。

帶著不安，我點進去他的留言處，想進行瞭解。

喔，他的留言是放在我寫的一篇故事裡。我寫了什麼呢？咦，沒什麼啊，我只是分享因為有人讀了我的書，讓自己有活下去的力量，還有另一個故事是一位長期被先生家暴的婦女，因為我的書，讓她有勇氣為自己發聲、挺身而出，有一天，先生又想對她動粗，她竟然對先生說：「你敢再碰我一根汗毛，我就告你，跟你離婚！」這些故事是真實的、也叫我感動，於是，在臉書上我說：「因為這些故事，叫我覺得說故事是一件值得我繼續做的事，我知道，這是我的天命。」就是這樣呀。

難道，說一個真實的故事，就是自戀？一個人能夠認清自己的天命，也算自戀嗎？

一邊反思，一邊咀嚼著我的羞愧與憤怒，我依然感到委屈。

我不否認，有時我也會驕傲、自負，我是不完美的，我承認。但我也知道我沒那麼嚴重，還不至於到「自我感覺良好」地步。我是一個會反思的人。

感人的故事，只是想跟朋友「分享」而已，說自戀，太嚴重。

這個故事是放在某個社團裡分享的，或許，突然不小心給「外人」看見了，他不在我們的關係脈絡裡，才會感覺到我這個人怎麼這麼臭屁吧？我不知道。但是，他不是我的朋友，也不認識我，他有資格對我做出這種論斷批判嗎？

在我上一本書《故事的療癒力量》裡，我說過這句話：**任誰都沒有資格，在別人生命的天空裡，指指點點的。**你看，這件事不容易吧。馬上，就有人來給我「指點」了，哈。

面對自己的不悅，我要怎麼回應他呢？我心裡想了幾個答案：

A.先生，你可以不喜歡我的故事，我尊重你的感覺，但你沒有權利批評我。請別自大、自以為是，請好自為之。（溫和堅定、維護自尊）

B.先生，很抱歉我的故事讓你不舒服了，我會改善的。（討好）

C.不用回應。不理它，當作沒看見。（漠視）

D.你以為你是誰呀，敢這樣批判別人，你根本就是嫉妒、見不得別人好嘛。（加強火力、攻擊回去）

如果在二十年前，我一定採取D的回應方式，火力全開，以牙還牙，如此才能消我心頭之恨（哈，我的修養很差）。但這幾年的靈性修行裡，我知道，這方式是行不通的。逞一時快，很爽，但結果卻是：讓我變成跟他「一樣」的人。

不回應？這不是我的作風，我不能欺騙自己，假裝沒看見。

討好？夠了，過去的我也時常討好他人，現在，我不想再這樣委屈自己。

A的方式比較像是現在的我，但我在想，我得去掉最後那個「自大、自以為是」的批判話語。「你給出什麼，就得到什麼。」我謹記這個靈性法則，批判只會招引來更多的批判。這個世界之所以紛爭不斷，就是因為每個人都想證明：「我對，你錯」。夠了，這種輸贏遊戲，現在的我，一點興趣都沒有。

於是，我最後這樣回覆他：「說真實的故事，不等於是自戀。但感謝你的提醒。如果我的故事有讓你不舒服，抱歉。以後我會盡量低調一點。」這是真心話。為了不想招惹這種人，以後我想更低調一點。

回覆完，心，安了。

這樣的回覆，雖不是最滿意，但起碼，我為自己發聲了。

另一方面，我也在反思：對某些人而言，我的分享是否真的會勾到別人生命裡什麼「東西」，叫他們不舒服呢？如有，雖不是我的錯，但我還是想盡量避免。基於慈悲，我不想別人因為我而不舒服。

是的，我可以再低調謙卑一些。畢竟，不是每個人都喜歡我或支持我，這件事，我老早就知道，也完全能接受。我從來沒有奢望要被每個人喜歡認同，這是不可能的。我知道。

過了不惑之年，我早就厭倦跟人玩競爭、比較的心理遊戲，如今卻引來不必要的批評論斷，實在划不來。生活已經夠辛苦了，我只想簡簡單單過日子就好。

回覆完以後，思考著這件事對我的影響，然後，放下。

隔天午後，當我走在綠園道散步時，手機「噹」響了，我打開一看，是那個人回我臉書，裡面又繼續說了一句莫名其妙的話（我當然知道他又自以為是想要「教」我什麼）。當下，我真的有點火大了。心想：我要怎麼樣才能讓這個討厭鬼知難而退呢？我真的不想跟這種人糾纏。

當下，我決定不再忍耐了，簡短地回給他：「夠了，請自重。」我想，我得讓他知道我生氣了，我不需要那麼nice，不然又在討好。

回完後，我的心依然揪著。

邊走，我邊自問：為什麼我會「吸引」這個人來冒犯我呢？

我知道了。我是一個和善的人，我一直想當好人，我盡力不去得罪人，更不會去

4. 跟自己的不完美和解

完美是一隻大怪獸，它會把人扭曲變形，如果我被扭曲了，我就會再去扭曲別人，這件事，夠了。到此為止。

寫完上篇故事後，讓我對自己有許多看見，寫完後，心裡安穩不少。

然後，我幫自己泡了一壺花草茶用保溫杯裝著，一個人走出家門，到仙跡岩的山上漫步看夕陽。

走在微風裡，看著天邊的雲彩被夕陽染成一片暈紅。然後，我繼續思索著：「為什麼當初我看見有人說我自戀時，我的雙頰會刷一下的脹紅，立刻感到羞恥？」我往內探索著。

喔，我感覺被批判了。然後，我很快有一個發現：「我是一個很害怕被批評、很怕自己不夠好的人。」嗯，這是一個很重要的看見。

「那個害怕自己不夠好的羞愧感是哪裡來的？」我繼續往內探。

此刻夕陽照得我滿臉通紅，不同於羞愧的臉紅，我喜歡夕陽的映照，讓我感到一種安定溫暖。

漫步在夕陽裡，此刻，小時候的某個記憶馬上浮現出來。

那是小學四年級的事情。小學我的功課不好，唯獨地理一科還不錯，地理老師是外省人，說話操著濃濃的鄉音，聽她的課有點吃力，但她是一位好老師，她很會鼓勵學生，只要你考了一百分，她就會送你一個小禮物嘉獎你。

有一次期中考，我地理考了一百分，第一次獲得了老師的獎品，我開心得不得了，這對功課不好的我簡直是奇蹟，這帶給我極大的鼓勵。下課後，我拿著獎品去跟同學炫耀：「妳看，老師給我的獎品。」然而，同學的表情叫我印象深刻，一輩子難忘。她瞪了我一眼，撂下一句：「有什麼了不起！」轉身就走人，我當場傻住。

從那次經驗裡，我學到一件事：「做人不能太驕傲，不要去跟人炫耀自己的成功」。

小學的我家貧、功課不好，活得很自卑，好不容易有一次可以驕傲的小小「幼苗」，就在同學嫉妒的眼神與無情的批判裡給「夭折」了。

然後，再回到前幾天發生的事，臉書出現一個我不認識人，他批評我自戀，讓我當場就羞愧到臉紅，你知道當下除了關機以外，我還做了什麼事嗎？當我有勇氣再去開機面對時，我做的第一件事是退出那個社團。這篇故事被我放在某個敘說的社團裡，裡面很多是上過我課的學生，所以我本「以為」很安全。如今，我突然被攻擊，於是小時候那個羞愧記憶，也跟著自動化反應。喔，原來如此。

現在當我再看這個「退出」社團的動作，就如同當年被批評的我，後來選擇「退縮」一樣。從那次之後，我的地理再也沒有考過一百分了。

如今，這件事卻讓我明白：原來，人是可以驕傲的，驕傲有時也是人往前的動力，不是嗎？

驕傲有何不可，只要適當、不過份就好。

其實我一直是一個很自制、要完美的人。「但做人一定要如此節制、完美嗎？」我問著自己。要完美的本身，就是一種「不完美」。

此時，睥見人生一路走來，一直想要「求完美」的自己，心裡很複雜、也很感慨。

夕陽裡，深深吸一口氣，我溫柔地跟自己說：「親愛的，自戀沒什麼不好，我不需要那麼完美的，好嗎？」

慢慢地，我也在自忖：什麼是自戀？一個人如果可以跟自己戀愛、喜歡自己，這有什麼不好嗎？

偏偏，我們的文化從小就是一個「挑錯」文化，從小我們被批評習慣了，長大以後於是習慣自我批判、進而批判他人。我們的教育，很少教我們去欣賞自己、愛自己。做人的辛苦，就在這裡。

我清楚地知道：**這十幾年來，我說故事、做敘事，其實只是在學一件事：就是愛自己。**這個功課，好難啊。現在，好不容易我稍微可以愛自己、接納自己了，你看，馬上就出現一個「法官」來告誡你：不要自戀喔。這就是社會主流價值的「監督」功能（也是麥克・懷特〔Michael White〕書裡所說的「圓形監獄」）。你看，人要做自己，真難啊。

好，現在我跟自己說：**我可以自戀，但不要自大，我可以愛自己，但也要同理別人。自戀真的沒關係，只要有反思，那就夠了。**我們真的不需要完美。

進而，我也反思到：當我驕傲、想炫耀自己時，是否這也表示：我不夠完全自信，不是嗎？我承認。沒關係，我也是人，確實我還不夠完美。我願意去接納：自己目前就是這個樣子。至少，我不想、也不需要再「假裝」完美了。

完美是一隻大怪獸，它會把人扭曲變形，如果我被扭曲了，我就會再去扭曲別人。這件事，夠了。到此為止。

但我也同意，自戀是要有分寸的。這一年來，每當有人說喜歡我的書、感謝我時，我常故作鎮定，其實心裡暗爽得很，當中除了高興之外，內心其實還有一點害羞，我對這樣的稱讚常感到不知所措。這是真的。

你想，如果是一個自戀狂他會感到害羞嗎？相信我，不會的。他會把別人的讚賞，視為理所當然，並沾沾自喜。但我不是，我是很ㄍㄧㄥ的人，每次我都告訴自己：「高興一下子就好，不要驕傲喔。」

現在想想，好吧，就算我是自戀又怎樣，我需要這麼完美嗎？

為什麼我害怕別人批評我？害怕自己不夠好呢？此刻，我想起中國當代女詩人扎西拉姆．多多說的那句話：「**不管你懷著多大的善意，仍然會遭遇惡意；不管你抱著多深的真誠，仍然會遭到懷疑；無論你呈獻多少柔軟，仍要面對刻薄……**」

唉，這是真的。

不管你再怎麼做，再怎麼努力求圓滿、求完美，但總有人對你不滿意，總有人會批評你的，這是我的經驗。做人，只要盡力就好，活過半個世紀後，這是我最大的心得。我不想再那麼在乎別人的評語了。

經過這樣的來來回回的自我對話，事情越看越清楚。在這當中，讓我擁抱了「害怕不夠好」的自己，並與「不完美的自己」進行和解。

就在我跟自己和解的此刻，我突然想起朋友哈克講過這句話：「是啊，我很臭屁，臭屁有什麼不好嗎？」（我上一本書裡的故事）然後，我笑了，開懷地笑了。

然後，在微微的笑意裡，我也跟自己說：「是啊，我是自戀，自戀有什麼不好嗎？」

5. 謙卑的修練

我謙卑，是因為：我承認，我也不完美。
我跟大家都一樣，不完美。

每一個當下，都在幫助我們看見自己。我所謂的修行，就是在每一個當下的自我覺知與看見。

有一天，工作坊的下課期間，我坐在一間大教室的透明窗戶旁，一邊望著遠方的彩霞，一邊喝著我的養生茶。這個座落在山腰的教室，有很美的景致，今天我在這裡帶內在小孩療癒工作坊，感覺很有能量。

突然，一個學員跑過來我旁邊，怯怯地說：「周老師，我發現我很難在眾人面前說自己的故事，你覺得我是不是該去做個別諮商比較適合？」

當下，我立即回答她：「如果妳覺得個別諮商比較適合妳，就去試試看吧。」

說完。「喔」一聲，她走了。

然後，我馬上覺察到：我怎麼回得這麼簡單、粗糙、直接了當。

我給的建議，真的適合她嗎？

或許，她不是真的想要我給她建議，她只是想表達目前在眾人面前說故事對她還有困難而已，不是嗎？我一邊反思，一邊對自己剛剛過於簡單的回應感到小小羞愧。

對，我的回應太快了。其實我可以多一點同理、多一點問話，去理解她到底想說什麼。

接著，我檢視自己剛剛為何會如此回應。喔，其實是因為，此刻的我只想要安靜一個人好好休息，不想被打擾，所以我想趕快打發她吧。原來我想先照顧自己。

先照顧自己本無可厚非，其實我可以跟她說：「我可以等上課時再回答妳這個問題嗎？」而不是這麼想趕快打發她走。我反思。

這種直接「給答案」的回答方式，就是一般典型的專家回應模式，這不是敘事的回應模式。敘事裡，我們不做這種直接回應，因為直接給答案，是有風險的：「你確定你給的答案，適合對方嗎？」

同時當我們直接給答案時，也在表達一件事：「我一定懂你！」這是真的嗎？人常不自覺地好為人師，我也經常如此。剛剛就是，都還沒搞清楚狀況，就直接給答案。

敘事裡的聆聽，盡量邀請你「不分析、不批評、不論斷、不指導、不建議」是有原因的，因為這些都是專家的模式，敘事裡，我們不再當別人的專家，我們讓當事者自己當自己生命的專家，因此，我們只要聆聽、只要會問話就好。

「**與其給一個好答案，不如給一個好問題。**」這是敘事的相信，也是我的實踐經驗。

想想，這幾年學敘事、做敘事，其實也是在修練自己的狂妄自大。這些年，在生命面前，如果讓我可以有多一點的溫柔、多一點的謙卑，那真的要歸功於「敘事」的實踐。

這又讓我想起前幾天有人批評我自戀那件事，嗯，在別人的批判裡，我看見了一面鏡子，在別人的自大裡，我也看見了以前自大的自己（羞愧）。鏡子裡的他，通常也是我。

現在的我，雖然不再像以前那樣直接去給人批評、建議，但有時，在我說話的自信裡，卻偶爾也會隱藏著：「見識到我的聰明了吧」的驕傲訊息，不是嗎？唉，謙卑的修練，真不容易啊。

早上在臉書上看到一篇文章分享達賴喇嘛的話，大意如下：「**當我們說話**

時，潛意識裡如果帶著想要炫耀自己聰明才智的意念，那麼，你的話語不但幫不了他人，反而只會叫人覺得被貶抑，甚至感到厭煩而已。」喔，當頭棒喝，真是好提醒。

謙卑是一種修行，它也是一種力量。

這幾年我就在修練這個功課，學習如何能謙卑柔和地說話。我發現，不管是達賴喇嘛或是我喜歡的導演李安，這些受歡迎的人，他們都是這樣說話的。

我謙卑，是因為：我承認，我也不完美。我跟大家都一樣，不完美。

後來我才明白：為什麼有些人一天到晚老是想給別人建議、想要去批判、教導別人？那是一種「投射」。其實他的內心裡也充滿了對自己的批判，批判他人，其實是在批判自己。他給別人建議，其實也是在給自己建議。很多事我們自己做不到，於是就把希望寄託在別人身上，期待他人可以做到。傳統家庭裡，父母對孩子的期待、要求特別多，大概就是如此。

這幾年透過說故事，除了認回自己的過去與不完美，漸漸地，我也在接納自己：「對，我就是這樣。」如此的自我接納，讓我的心變得柔和許多，也漸漸對別人的「不能」，產生多一點包容與悲憫。因為我們都一樣：不完美。

因為慈悲，所以懂得。於是逐漸明白，謙卑的背後是一種愛，愛就是療癒的力量。

現在，除非等別人開口，要不然我不會輕易去給別人或教別人什麼。同時，即使是我開口說話了，我也會留意自己內心的意念，盡量不去炫耀自己。這是一種平等心的實踐。我們真的沒有權利去教別人什麼，因為，我們都不完美、都是無知的。

敘事裡的助人者，就是站在這樣一個「不知道」的立場，去聆聽生命故事的。因為不知道，於是心理給出一個「空間」，讓我們願意聆聽，願意多去問話。不知道，就是一種「放空」。「真空妙有」，所言甚是。**不知道，也是一種謙卑的生命態度。**

真的不要隨意去批判別人的生命（故事），尤其當你還不瞭解其脈絡時。任誰都沒有權利在別人生命的天空裡，指指點點的，不是嗎？

面對生命，我們只能理解、謙卑、好奇、欣賞。如此而已。

但光是如此，就很不簡單了。

6. 看見自己想當好人的背後

當我可以認回那個需要被肯定的自己時，他就不用躲在潛意識的黑盒子裡，繼續玩花招，繼續為了得到別人的認同與肯定，假裝當「好人」了。

別看我平時一派輕鬆無所謂的模樣，其實我是一個想要完美、追求完美的人。最近，我更發現：其實我一直想當好人。

喝著有機紅茶，我一邊承認自己想當好人，一邊回想自己想當好人的源頭。

是的，過去的我經常在當好人：我待人和善，樂於助人。這樣的好人，並沒什麼不好，只是，如果潛意識裡，還參雜了別的動機，那這個「好」就被打折扣了。

我會有這樣的反思，當然是有故事，且聽我慢慢道來。

上一本書裡我寫過，這十年來我開了許多敘事工作坊、私塾，很多實務工作者、未來想當助人者的年輕人很想參加我的工作坊，但有些學生會給我寫信，說他沒錢，我通常二話不說，就讓他來參加，不是免費，就是給予很低很低的折扣再分期付款。

我書上說：我是做教育工作的，對於真的想學東西的年輕朋友，我樂於相助。

好，這個故事其實是有下文的，上一本書還來不及說。

後來，當大家知道我是一個很nice的人以後，有越來越多的人，會用暗示的方式，跟我說他沒錢，或許也期待可以得到免費上課的機會。好心的我，當然不忍心拒絕，我給了，但卻發現：有些人會因此感恩珍惜，但也有些人，卻當作理所當然，不懂珍惜。這種人不是上課不認真，就是經常遲到，還有更過份的是上了幾次後，就乾脆不來了。這樣的學生真叫人傷心，感覺我的善良被利用、被糟蹋了。

於是，我才開始認真反思：我的善良、大方、免費的背後「真正動機」是什麼？

好，誠實的說，這也是「投射」。

因為年輕時家庭經濟不好，大學的我都是靠自己打工賺取學費，生活很節儉，所以我很快地去同理這些學生，希望他們不要因為來上課，就節衣縮食。這就是我想當好人的原因之一。**透過資助別人，其實是「投射」想資助過去那個資源匱乏的自己。**

只有這樣嗎？

不。除了我的善良之外，我發現，有一個我想透過「給出去」，來表示我是「有能力的」，這是一種自我肯定，不是嗎？天啊，怎麼會這樣？

更要命的是，底層還有另一個我，他希望被別人感激。透過給，別人感激我，於是就更彰顯出我的重要性與價值了，不是嗎？我得誠實去看見這些潛藏於內在的心理「模式」，不管比例高或低，只要是有，通通認回來。

「這個心理模式哪裡來的呢？」坐在自家的露台花園裡，看著花，我問著自己，答案馬上揭曉。是的，這個模式來自我的母親。

某些記憶立刻跳了出來。

我的母親信仰一貫道，從小家裡有個佛堂，她當堂主，這讓她很威風。記得小時候一到初一、十五拜拜時，家裡總是人滿為患，來參拜的人都會帶許多好吃的食物水果，當然這些食物，得先上供桌，佛祖先吃。拜完後，母親就開始打包，讓所有的人帶回去。家裡的孩子，永遠吃不到新鮮的水果及好食物。

母親很願意給，跟我一樣。在道親眼裡，她是一個樂善好施的好人，而母親也十分享受當這樣的好人，那些掌聲與讚美對於一個缺乏自信與肯定的人來說，實在太重要了。對，母親絕對是一個好人，但在孩子眼裡，她絕對不是一個好母親。她永遠看不到孩子的需要與缺乏。我們的需要被排在她「需要當好人」的需要後面。

原來，我樂善好施的本能來自母親。懂了！

原來，我在複製我母親「當好人」的模式。驚人！

原來，我幫助別人，骨子裡其實是想要得到讚美與肯定。夠了！

原來，我想當好人背後是如此「不單純」。覺醒！

如此看見，叫我大吃一驚。

然後，我更進一步反思：「我輕易給人免費上課，這真的是在助人嗎？」我發現：事實絕非如此，有時反而是害人。怎麼說呢？

如我前面所言，有些人得到資助後，反而不珍惜，不認真上課。這絕對可以理解，因為她根本沒有付出代價嘛。

這讓我想起自己年輕時，靠自己努力賺的錢，然後付出代價去學習上課的經驗。那時，我剛畢業在工作，因為對心理學深深著迷，於是到處去上心理工作坊，我算過，那時我花在外面上課的錢，每年至少十萬跑不掉。而當時我一個月薪水才三萬多，卻願意花錢到處去上課，可見，背後的學習動機有多強。動機強、加上我是付出代價的，當然會珍惜，於是收穫也特別多。節省的我，付錢去上這些課，這是一種選擇，選擇的背後是一種價值，更是一種為自己負責的態度。

但更令人氣結的是：後來發現，那些我讓他們免費來上課的學生，其實沒那麼窮啦。他們經常去吃大餐，每個星期還會去看電影（首輪的喔）。在我是窮學生時，就算有很多想看的電影，我還是會忍住慾望，忍耐兩個月，等到二輪戲院上映時再去看。

然後，我又想到，即使他真的是窮學生，我讓他免費上課，這樣對他真的好嗎？我會不會剝奪了他體驗「匱乏」的好機會？

這還是跟我自己的經驗有關。從小家裡經濟不好，我經常體驗到匱乏。但也因為這樣的匱乏，讓我長出「自食其力」的本事，我很早就知道：我要為自己的生活與需要負責。我要唸書、我想學心理專業，那我就得去打工賺錢，自給自足，這件事我不靠別人，我活得很有尊嚴。

讀大學時，我去當家教打工賺錢，沒跟家裡拿一毛錢，甚至每個月還可以拿錢回家。現在回想起來，不覺得那是苦，反而覺得那是一種生命歷練。我真的以「能在困境中生存、並不放棄自己夢想」的自己為榮。

貧窮並沒有打敗我，反而叫我長出自食其力、獨立自主的生存能力。匱乏，讓我對自己的擁有感到珍惜，對別人的給予能夠感恩。我在想，我絕對不可能當「啃老族」的，因為沒人讓我靠、我也沒有老本可以啃，一切，都得靠自己這雙手去掙。這就是窮困與匱乏帶給我的恩典。

於是，我在想，如果我輕易就給一個年輕人免費上課，這樣會不會剝奪他「自食其力」的能力？會不會讓他沒尊嚴？我開始在認真反省這件事。

如果，我給別人免費上課的背後動機，存著一絲想要當「好人」的成分（即便不多，但只要有，就得承認），那這件好事就「失焦」了。想到這裡，我不禁打個哆嗦。

這讓我想起「放生」這件事。有些人為了表現自己善良、要做功德，於是買了動物（鳥、魚）到處放生，表面上好像是做善事，其實這是嚴重破壞生態平衡的惡事。無知，讓人幹了傻事，卻還在沾沾自喜以為是善事，很多人都是如此。如今，我又何嘗不是？（突然臉紅羞愧起來）

有了這樣的反思以後，現在我改變方式了。

後來，當有學生告訴我，他真的很想學、但經濟又不寬裕時，我不再免費了，我會給予他某種程度的優惠折扣，然後，再按照他的經濟能力讓他分期付款。不然，我就找他來當我的行政助理，請他幫我處理行政事務來抵學費。這樣的方式，會叫一個人更有尊嚴，因為他不是被施捨的，他是靠自己付出來獲得他想要的東西。如此，他才會更加珍惜上課的機會，不是嗎？這才是教育。

這麼好的方法，以前怎麼會沒想到呢？我有點懊惱。

因為，我在投射，我想當好人嘛。我的心回答我。

當我們缺乏反思，不去辨識自己每個決定與行動背後真正的動機時，就會被潛意識的東西給蒙蔽了。

當我開始問自己一個好問題（「為什麼我要當好人？」），接著一連串深刻、驚人的答案，讓我看見了隱藏在某個深處的我。那個我，其實是想被肯定、被認同、被喜歡的。從事心理工作二十多年，我還以為我已經脫離了這些束縛，我以為我已經夠自信到不需要別人的肯定了，其實不然，原來那個需要被肯定的我，依舊在。真要命，我認了。

當我可以認回那個需要被肯定的自己時，他就不用躲在潛意識的黑盒子裡，繼續玩花招，繼續為了得到別人的認同與肯定，假裝當「好人」了。看見，就得到解脫，就自由了。這就是說故事的療癒。

7. 認回自己的獨特性

每個人都有他的獨特性。
這個獨特性，應該被理解、被尊重。
此刻，我得學習尊重自己對獨處、對空間需求的獨特性。

說到我想當好人的「模式」，其實處處可見。在剛剛的靜坐裡，我又覺察到一個典型的例子。

話說去年我在台中買了一間房子，想做為自己身心安頓的棲身之所。我花了不少錢、不少時間裝潢整理得很舒適，每個來到新家的朋友，無不讚嘆。我尤其得意我的空中花園，十坪大的露台鋪上南方松，然後種了各式盛開的美麗盆栽，像是小雛菊、牽牛花、大理花、聖誕紅、鬱金香等。還有大大綠葉的姑婆芋、山蘇等讓露台花園變得綠意盎然。早上，我都在空中花園裡享用早餐，賞著花、看著蝴蝶在花間飛舞，喔，那一刻的名字就叫做幸福。

我的房子有寬敞的客廳，全部都鋪上高級的柚木地板，高雅明亮。回台中時，我會每天擦地板，我把它當作運動，也是修行（清理外在，同時也是清理內在），每當把地板擦拭得亮晶晶時，心裡好舒暢。有一次，我擦地板擦到一半，竟然就坐在地板上，望著門外的露台花園，發起呆來。那一刻，心好平靜。

這樣的環境讓我開始覺得過生活是一件很有趣的事，也讓我想要經常回台中（基本上我還是住台北居多）。

一月初，一位朋友想到台中工作、找房子，後來進一步又得知他想從南部搬上來的原因是因為想在新的一年裡，讓自己的人生有個全新的樣貌與開展。他有一個新計畫必須進行，但他知道，如果不離開他的家、離開他的母親（他們一直住在一起，彼此關係很糾纏），他的計畫永遠不可能實現。

聽完他的故事，我完全可以理解並同理他的心情。然後，不知怎麼了，我很想幫他、助他一臂之力。（你看，我又在投射了）

我心想：反正我也不常回去台中，家裡有三個房間，一間客房給他住應該還好。我邀他來我家，他看了很喜歡，我知道他不是很富裕，所以租金算得很便宜，想說反正有人可以幫我看家、順便幫我照顧花草也不錯，這是雙贏。

有了棲身之所，他很快地搬進來了。

我很希望他可以住得開心，在我家這個有能量的環境，絕對可以幫助他安靜沉澱，我有自信。但房子的能量是需要靠每天清理維持的，所以我也期待他可以好好照顧我的房子、我的花。然後，我千交代萬交代了許多事項（例如至少三天擦一次地板、每天澆花等），才放心地回台北。

下一次，當我再回台中時，已經是兩個星期過後。

一回到家，他很用心地準備晚餐迎接我，我很開心。但是接著，我開始感覺不妙了。

是的，我發現地板沒有擦乾淨，我的一盆紫色瓜葉菊花也枯了。怎麼會這樣？

我當然沒敢責備他，只是溫和地瞭解狀況。他說花是因為陽光太烈曬傷的，啊，睜眼說瞎話，前陽台太陽根本照不進來呀。然後，我又摸摸其他盆栽，發現土幾乎是乾的。好，我明白了。

我知道我對清潔的要求是高的，你要說我有潔癖，我也同意。我當然知道，每個人對整潔的習慣與期待是不一樣的，這件事是要求不來的。我真的願意相信，他盡力了。因此清潔這件事，我只能自己來，不再有期待。

清潔的事我還可以忍耐，但後來我發現有一點是我無法忍耐的。

那一晚，晚餐後當我與他同坐在客廳餐桌，他上網，我閱讀，然後我發現，有一個人在旁邊晃來晃去又發出聲音的情況下，我幾乎完全無法安靜下來，好好看我的書。

隔天醒來，當我發現這房子不是只有我一個人時，我起床後，得規規矩矩地把衣服穿好，要是平常，我會直接穿著睡衣內褲去上洗手間。

明明在自己的家，我卻變得拘謹、不自在，這不是我要的。同時，我也知道，這是我的問題，不是他的問題。

我一直知道，自己是一個需要獨處的人，只是我不知道，我對獨立空間的需求竟然這麼大。這是我的問題沒錯。

所謂問題，當然也不是真的「問題」，應該說是我的「獨特性」。每個人都有他的獨特性，這個獨特性，應該被理解、被尊重。**此刻，我得學習尊重自己對獨處、對空間需求的獨特性。**

一起住了幾天後，當我再離開要回台北前，我鼓起勇氣來，很不好意思地跟他開口，說我對獨立空間的需求很大，希望他可以住到下個月就好。還好他是個明理的人，十分理解，也願意配合。當下，我馬上大大鬆了一口氣。

就在今天早上的靜坐裡，我又想起這件事。從這件事裡，我不但看見自己想當好人的模式「再現」，我更看見：想當好人的背後，其實是我的「投射」。當我知道他想離家，其實是想要離開權威母親的控制時，自然就會讓我想起我的母親，所以我完全可以「同理」他，知道他離家這件事對他的意義。

你看，每一個行動背後的動機，果然都不單純。

當我看見了自己背後的動機，再看見自己的獨特性以後，我很想跟自己說：「志建，你真的不需要再那麼nice了，好嗎？」是的，我得學習先照顧自己的需要與獨特性，這才是真正的愛自己。

8．認回我的孤獨與愛自由

如果你不是為了迎合他人而改變自己，
如果你也不是為了滿足自己而改變他人，
你是孤獨的，
但你也將因此自由。

——扎西拉姆．多多

上一篇文章，叫我認回我需要「獨立空間」的獨特性，其實，我的獨特性不只如此，唉，我真是一個不完美的人，我有很多「怪癖」耶，例如：我很怕吵。

每次搭高鐵，我總是坐後面的自由座，不管我買的票是否是標準車廂，我一定跑去坐自由座。因為我無法忍受鄰座有人一直講手機，或一直聊天講不停，我心裡常在抱怨：「喔，我對你的家務事可一點興趣都沒有，請你們不要講給我聽好嗎？」我只想安靜。每當座位附近有人講手機、聊天或有小孩上車（小孩通常很吵），二話不說，我馬上換座位，坐自由座車廂就是有這個好處。

這就是我，怕吵、要安靜。你說我有「靜癖」，我也認了。（對，我不只有潔癖，還有安靜癖）

這份「靜癖」，可能遺傳自我父親，父親也是一個要安靜的人，他很怕吵。

當然也有後天環境的影響，從小我就是一個孤獨的孩子。前面提過，小時候我經常一個人在家，不是坐在田埂裡發呆一整天，不然就在龍眼樹下一個人玩著樹枝，跟風講話。從小，我就很安靜，不會吵。

這份孤獨不管是天生氣質或後天養成，反正這就是我，我得認回它。

因為這樣孤獨的氣質，讓我喜歡獨處，也很享受一個人的時光。我經常一個人去看電影、去旅行，這對我來說是很稀鬆平常的事。當朋友聽到我說經常一個人去做這些事時，十分驚訝，她說她一定要有人陪才會去看電影、去旅行。

有一天，讀到一本書，書的作者扎姆拉西．多多說：「**我選擇了孤獨，於是我自由了。**」媽呀，她講到重點了。對，**其實我是一個要自由的人。**

我喜歡坐自由座，因為這樣我可以「自由」地換座位，不被干擾。

我選擇當一個「自由」心理工作者，因為我不想被學校的體制給綑綁、牽絆。

我的房子不想分租給朋友，我要獨享，因為我希望回到家時，我可以全然的放鬆，自由自在享受一個人的自由。

我喜歡自己一個人去旅行，因為這樣就可以不需要去配合他人，喜歡的地方，就多待一會兒，待膩了，想走就走，不必等人，毫無負擔。

我不想生孩子，因為這樣我只要為我自己的人生負責就好，我不需要去背負別人的生命。

還好我沒有小孩，我很怕小孩子，因為孩子通常很吵。我甚至承認：我不喜歡小孩子。小孩子對我來說簡直就是惡魔，我受不了小孩的尖叫聲，那聲音會令我抓狂。唉，這就是我的獨特性，我認了。

小孩既是天使、也是魔鬼，相信所有的父母都同意這句話。我真的很佩服許多父母的耐心，我很清楚我辦不到，我對小孩超沒耐心的。有一次朋友找我幫忙她帶小孩，我立刻一口回絕，我跟她說：「什麼忙都可以幫，帶小孩免談。」對於自己這個「限制」與不完美，我不只接受，還「欣然」接受。

一旦接受了自己的限制，我就不用再假裝當好人。於是，我也不需要為了滿足別人，而委屈自己。

如果不尊重自己的獨特性，人就會把生活搞得很累，漸漸地，你會不快樂、也會很討厭自己。但要學會尊重自己的獨特性，可不容易呀，這件事，我可是花了十年才學會的。

如果不是透過敘事與靈性的修練，讓自己不斷地說故事，不斷地把每一個自己給認回來，我是無法如此真實地接受自己、並認回自己所有獨特性的。

如今，我認回了自己的獨特性與不完美，於是我自由了，如此，也讓我比以前自在快樂許多。

「活著，快樂比完美更重要。」這是好話，我完全同意（這句話來自布芮尼・布朗教授的《不完美的禮物》一書）。未來的生活，我也將「比照辦理」。擁抱不完美，活出真實的自我，我想再也沒有比這更重要的事了。

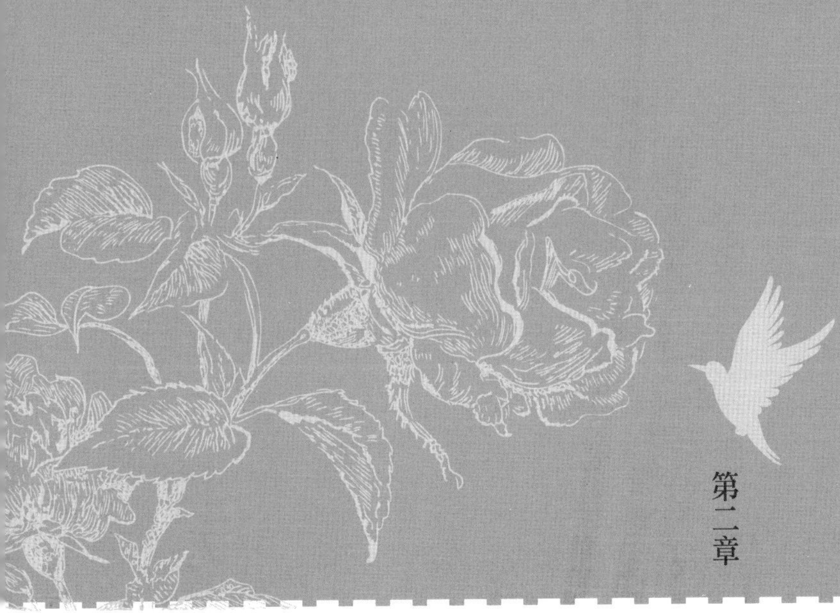

第二章

認回不完美的母親

唯有認回自己
不完美的母親
我才得以重新擁抱
真實的母親

1. 是的，我有一個不完美的母親

我們若排斥痛苦，只會找到更多痛苦。
但如果擁抱內在的一切，無懼的凝視陰影，
我們就會遇見光明。

——《破碎重生》

◆勇於真實

請相信我，如果可以，我多麼希望給你另一個版本：有關於我母親的故事，就像教科書寫的那樣：「母慈子孝」、一家恩愛和樂的標準版本。真的，如果可以的話，我也多麼渴望，我可以有這種「模範」的家庭版本。但可惜，不是。

這不是我的家庭，我不想說謊。

在我的博士論文裡，說著長長的故事，每次說到自己有一個脾氣暴烈的母親時，心裡總還會揪一下。那個痛，依舊在，不得不承認。

所有故事的療癒，都是來自真實。當人可以真實地面對自己，不用假裝完美時，於是，你就自由了。當人可以擁抱真實而不完美的自己時，那個「我」就不再分裂，於是完整了。

你聽過這句話嗎？「真實的不完美」比起「不真實的完美」更加美麗。我相信。但頭腦知道，卻不一定能做到；我們就是沒辦法接受自己不完美，因為，我們的主流文化（價值）要你完美，不完美是羞恥。因此，要承認自己有一個不完美的母親、不完美的人生，簡直比登天還難。不信，我說個故事給你聽。

我始終記得，當年論文初試時，我寫的第一版本的母親故事裡，一不小心我輕輕透露了對母親的怨恨、批判，當時一位口委，在口試會場中就一直皺著眉頭，一副不以為然的樣子。那張臉彷彿在說：「你怎麼可以這樣說自己的母親？」

那個表情，叫人難忘，也叫我很受傷。別忘了，她是有權力的人，她讓我覺得：我說錯話了，我不該如此說自己的母親。「天下無不是的父母」，不是嗎？（夠了！）

後來，我很勇敢地跑去跟那位口委說，她那樣的表情，叫我很受傷。我想讓她知道，能寫出這樣的故事，其實已經很不容易了。對待故事，得多一點寬容。

可惜，她無法理解。她接不住。拒絕承認。

「你真的這樣想嗎？」她否認了對我的批判（可能她自己也不自覺吧）。但受傷的是我，我得誠實面對自己的感覺。至少，她沒有同理我。

當然，或許她也不認為她需要同理我。很久之後，她告訴我：這是口試，這不是做諮商，要我搞清楚。好，我明白了。原來「同理」這件事對她而言，只是個技術、技巧，那是諮商室裡的東西，我不是個案，不適用。原來如此。

後來，那位教授好意給我看她以前寫的故事，大概是想要「教」我如何說故事吧。這點，十分感激。

當我看完她的故事之後，我終於明白了那個表情。

原來，那位女教授的成長歷程也頗艱辛，如今，她不但為人母，而且很幸運的，她擁有一位好母親，那個母親在她艱辛的成長歲月裡，包容她、關懷她。而且，她的母親跟我母親一樣，都是生長在日據時代物質缺乏、重男輕女的大環境裡，那個年代的女人，都過得很辛苦，因此，她十分可以同理我的母親。但可惜，她無法同理我。

她忘了：她的母親跟我的母親，是不一樣的。

這個經驗叫我學習到：聆聽故事，除非你自身有類似經驗，否則你很難完全同理他人的。除非自己經驗過那個痛，否則你永遠無法「抵達」他人的苦。

雖然當時的經驗叫我受傷，但這個經驗是重要的，它帶給我極大的啟發。後來我經常提醒自己：聆聽故事時，請謙卑、慈悲一點，不要太自大、自以為是，以為我懂了對方，尤其當案主的故事，在我的經驗之外時。我想，這就是為什麼敘事治療師要站在一個「不知道」（not-knowing）的立場去聆聽故事的原因吧。禮敬生命，本當如此。

後來，我「選擇」原諒她了。

我願意接受她的「限制」，猶如我知道我也有我的限制一樣。我們都不完美。我想，當時她只是想盡責地告訴我，故事要有脈絡性的理解，我必須進入我母親生長環境的社會文化脈絡裡去理解母親、同理母親，不能光埋怨、批評。她只是要幫助我的論文「前進」而已。（後來我越來越討厭「前進」這兩個字。你何德何能，要幫人前進？如果無法「同在」，你是無法幫人前進的。）

好吧，感謝指教。

◆說故事是有階段性的

呵呵，做敘事十多年，難道我不懂這個「道理」嗎？

在敘事實踐這十多年的經驗裡，讓我深切體悟到：說故事這件事，絕不是一蹴可幾。**說故事需要有一個歷程，它是有階段性、層次性的。**

但這個「體驗」，在學術界裡當教授當太久的人，恐怕無法理解。

不管是我或我的學生，這幾年我們都經驗到一件事：在說故事前，心裡得經歷多麼巨大的抗拒與掙扎，你知道嗎？我們得走過一段內心的煎熬之後，故事才有辦法從嘴巴裡走出來。光要衝破「家醜不可外揚」這個文化的禁錮，就要花上很大力氣的，相信我。

說故事就是面對自己、對自己誠實，但面對自己是需要時間、需要勇氣的。在我的私塾裡，有些人半年後，依然無法說出口，「但沒關係，真的沒關係，請有耐心，不要批判自己」，我都會跟學員這麼說。說故事，不是「擠牙膏」，是無法強迫的。

然後，好不容易故事說出來了，請你也別指望：說者馬上可以有脈絡性的敘說與理解。如果有，那也是假的，那是頭腦的東西，一點都不真實。故事的理解，沒那麼容易，故事就是生命，生命是複雜的、有血有肉的，裡面充滿情緒是正常，故事的第一要素就是真實，故事真實，所以感人。

說故事的第一階段，其實就是「實話實說」。先把內心真正的想法、感受，通通真實地「掏」出來，不過濾、不編輯、不否認、不迴避。真情流露，不要隱瞞，即使是怨恨、批判都可以。如此，我們便讓情緒有了出口。情緒不通，你根本無法做到療癒。**先認了自己的情緒，是故事療癒的第一步，也是最重要的第一步。**私塾裡我教大家做「自由書寫」，目的就在這裡。

在自由書寫裡，不管是憤怒、悲傷、難過任何情緒都可以，請你通通認回來。儘管，這裡面的情緒或想法很多都是非理性的，也沒關係。如此，你才有機會去面對它，理解它，如此也才能放下它。**情緒過不去，理性就出不來。**當你把情緒寫出來，放在紙上讓自己看見時，這時你與情緒就產生某種「距離」（這叫「位移」）讓你可以去「觀照」它，這就是自由書寫帶出神奇療癒的道理。（關於「自由書寫」的操作方式詳見《故事的療癒力量》一書第六章）

如此，說故事便走到了第二階段：「回觀」。

當情緒倒出來之後，一個「理性的我」才會冒出來，去看見自己，重新理解事情到底怎麼一回事。當中，我們開始認識自己、也同理自己，這也是愛自己的方式。

在說故事的「回觀」裡，讓我們對經驗得以「再經驗」，那是一種對生命的「凝視」，當中我們也在「反芻」生命。在咀嚼故事中，我們不只經驗到情緒，更會看見情緒底下，隱藏著我們的孤單、內心的渴望、沒有被滿足的需要，甚至過往的創傷。這樣的深層看見，讓我們貼近了自己，同時也療癒自己。

在故事的反覆敘說裡，「原來的我」漸漸鬆動，取而代之的是「多元的我」。當說者對自己可以產生不同的觀點與詮釋時，「情緒的我」於是漸漸消融，像冰塊溶解一般，於是人就鬆了。

此時，我才會邀約說故事者進一步「加入」社會文化的觀點，去說自己父母的故事，去看看他們的行為與苦難背後，跟當時所處的社會文化、主流價值有什麼關係？故事走到這裡就進入了第三階段，稱之為「解構」。

在我的經驗裡，故事要走到這個階段前，說者必須某種程度地「釋放」了內在受傷情緒，才能夠回到理性上去做脈絡性的理解。否則，太快的解構都是頭腦的運作，那是假的，如此並無助於人從內在的怨恨與傷痛裡走出來。

很多教授不明瞭這個歷程，往往第一個階段都還沒走完，就急著要學生往第三個階段裡去「看見」。我真想告訴他們，說故事不是這樣的。說故事不是靠理性認知，更不是靠理論，說故事是一種「此時此刻」、你跟自己生命死纏爛打的「肉搏戰」。（說過自己故事的人，一定知道我在說什麼）

怪不得很多研究生在學校寫論文、說自己的故事時，經常會感到受傷。因為說了故事，別人無法同理，卻還一味地要你「前進、前進」、再寫深一點。難道是我故意要寫淺的嗎？相信我，沒有人故意要把故事寫淺的。說故事，是一個很複雜、掙扎的心理歷程。唉，懂這道理的教授，還真不多哩。因此，說故事時，你的陪伴者（聆聽者）真的很重要。

再提舊事，不是要去怪那位教授，只是想把說故事的「歷程」說個明白，並分享給未來想寫故事的朋友。它不一定是真理，但至少，我自己說故事的經驗是如此，這也是我這些年在私塾裡幫助很多人說故事、自我療癒的寶貴經驗。

對待故事，我們真的得多一點慈悲、多一點寬容，不然，故事出不來；不然，人可能會被二度傷害。

切記，故事就是生命。說故事這件事，真的很不容易呀，不信，你來說說看。

2. 認回不完美的母親

說故事，是療傷止痛的良方。
要讓故事結束，
最好的方法就是：說故事。

在母親節前夕，你寫這樣一篇文章，你是在討罵嗎？（這篇文章是母親節前夕寫的）

且慢開罵，請耐心看完再說。

每年的母親節，在一片歌功頌德中，做子女的，總要配合演出，請母親上館子吃飯、買花、買禮物、切蛋糕，在一片歡慶聲中，有多少人是真心開心想慶祝的？又有多少人只是在「盡義務」？

如同過情人節一樣，不是每個人都喜歡過母親節的。你知道，對有些人而言，過這個節日是多麼殘忍的一件事呀。

有好情人的人，才會想過情人節；同樣的，要有好母親的人，才會想過母親節的，不是嗎？

這幾年，我在課程裡幫助許多人做內在小孩療癒的工作，實在感觸良多。很多參加私塾或工作坊的成員都是中年婦女，她們大都有自己的孩子，從小學到大學畢業的都有，雖然已為人母，但是，一旦說起自己的父母、自己的童年經驗時，她們依舊淚流滿面。這些事情，雖然早已經過去了，但是，心裡有個「東西」（傷），就是過不去，不管你活到幾歲。

課程裡，讓這些中年婦女有機會去說說自己的「童年往事」，把自己內在受傷的小孩找回來，好好疼惜一番（惜惜勒）。**說故事，是療傷止痛的良方。要讓故事結束，最好的方法就是：說故事。**這是我多年來的經驗。

不然的話，那個傷，會成為一道永恆的陰影，跟你一輩子。然後，就算以後你事業再成功，日子過得再美滿，你都永遠無法去享受那份幸福的「果實」的。我的很多個案，都是如此。請相信我。

有一年母親節，私塾裡一位中年婦女一談起童年就哭。她說她自從唸大學離家以後，就不曾回家。直到出嫁、生了孩子，那個家，還是回不去（心裡有個結，就是不想回去）。每次母親打電話來，找她回家吃飯，她總是推拖說很忙。無法回到那個家，長期跟家產生斷裂，這件事本身已經夠叫她痛苦了，但是，內心還有個聲音、不斷地在譴責自己，對，「不孝」，那個批判的聲音，其實更叫人痛苦。

◆離家，是為了保護自己

如果你聽過這位婦女的故事，自然就會明白為什麼她不想回家了。

出生在一個重男輕女的家庭，在父母的眼裡，她可有可無，有如空氣般，經常被忽略。爸媽眼裡只有哥哥弟弟，不管她再怎麼努力、再認真唸書、把所有的家事做得盡善盡美，一樣得不到父母青睞。然而，只要弟弟一犯錯，被打的一定是她，不是弟弟，理由是：「你沒帶好弟弟。」

從小，她就是一個被嚴重物化、被虐待長大的孩子，身心都是傷。很痛。

當她長大、唸到大學，終於可以自食其力時（當家教），她毅然決然地離開那個傷害她、叫她傷心的家。「夠了」，她的心經常如此大聲怒吼著。這聲「夠了」，好有力量。

離開家，就沒事了嗎？

不，**所有的孩子，永遠都在期待父母的「認同」。這是一個「魔咒」，解不開的。**

離家，其實是為了保護自己、為了療傷。

因此，縱使離家，十幾年來她一個人過得也很辛苦，一邊唸書、一邊工作，大學畢業後，認識一個男人，結婚、生子，幾年後，卻遭逢先生外遇，最後痛苦地離婚。這些事，都是她一個人獨自承擔。她是個堅強的女子，她不得不堅強，因為沒有靠山。一個人獨自生活、勇敢地帶著兩個孩子，她告訴自己：我要努力活下去。

私塾裡，說著自己的故事（她邊說邊哭，眼淚是最好的治療），於是讓她有機會去療癒自己內心的舊痛與新傷（一個來自父母、一個來自丈夫），並擁抱那個受傷的內在小孩。

聆聽她的故事，叫人心疼。那一天，很多人都跟著她一起流眼淚。

我跟她說，我很佩服她當年離家的勇氣，那是她在「保護自己」的方式。這個新的詮釋，讓她對自己有了新的看見，於是安心不少。

離家，是需要勇氣的，也需要力量。如果她沒有力量，是不可能一個女人在外面打拚討生活的，不是嗎？

她不想回家，是因為那個內在小孩還是很痛，她還沒有辦法原諒她的父母，這是可以理解的。於是我邀請她先接受：自己目前還不能原諒父母這個事實。

自責、罪惡感會把我們能量給「拉下去」，然後卡住自己。**我們必須先「原諒自己不能原諒」。一切的寬恕，都得先由我們寬恕自己開始，我經常這麼說。**我們得先寬恕自己，才能寬恕他人。這是療癒的真理。

離家，是為了回家

還好，她聽進去了。兩個月後，她的故事也「重寫」了。

有一次在私塾，她告訴大家，上週日她帶著孩子回家了。母親煮了一桌的好菜請她吃，第一次，她感受到母親對她的善意。（大家聽得目瞪口呆）

她說：「很奇怪，當我開始允許自己就是做不到寬恕、原諒父母時，心裡有個東西，反而鬆了。」

經過私塾裡說故事、流淚，讓她內在漸漸長出力量，心也變得柔軟許多。現在，她漸漸可以理解父母對她的「虐待」，原來這與他們本身成長歷程、原生家庭、主流價值文化有關，並不是她不好。

然後，那一年的母親節前夕，母親突然打電話來邀她回家吃飯，這一次她答應了，不再抗拒推諉，心甘情願地帶孩子一起「回家」。

對，她說她不只是帶自己的小孩回去，更是帶著她內在受傷的小孩一起「回家」。

二十年後，再次回到自己的家。神奇的是：這次的母親，不一樣了。不只煮了一桌子好菜款待她，還特別噓寒問暖。第一次，母親終於扮演了「好母親」的角色，撫慰了她的內在小孩。大家被這故事，感動到紅了眼眶。

離家，其實是為了「回家」。

然而，不是每個人都可以「再」回家的。因為，你不能指望父母會改變。這位婦女是幸運的，她終於回了家。但這條回家的路是漫長的、辛苦的，她走了二十年。我常常認為：當一個人開始願意照顧自己的內在小孩時，他就已經踏上了回家的路。

我經常被問到：如果父母不改變，怎麼辦？

沒辦法的，我們只能接受。如果指望別人改變，那傷痛永遠無解。一切療癒，由

母親「就是這樣」時，我們才能開始療癒自己的「內在小孩」，我才能開始去當自己內在小孩的「好父母」。**接受，是一切療癒的開始。**

切記，我不需要完美，但我要完整。

十多年來，反反覆覆地說著自己的故事，我就是在做這件事。這是一條自我療癒之路，很辛苦，但值得。

允許與接納，就是愛

透過書寫自己的故事，也寫了母親的故事，於是我一點一滴地「認回」了我自己。當我允許自己，不要那麼快原諒母親，先誠實面對自己童年的傷、先去照顧自己內在那個傷痕累累的小孩時，內在有個東西，漸漸鬆了。**愛與寬恕，都得從自己開始。是的，允許與接納，就是愛。但請你不要坐在那裡等別人來接納你、愛你，這件事，請你先為自己做。**

透過說故事，我同理了自己，於是，漸漸地我也有了能力去同理我的母親，並看見母親背後的「傷」。是的，她也是受傷的靈魂。因為同理帶出悲憫，讓我在有能量時，自然願意去跟她產生連結。

這幾年，我經常打電話回去跟她聊天，雖然每次說的都是同樣的話：「你甲飽了沒？今天吃什麼？身體好不好？」等等之類膚淺問候的話語。我們之間依舊無法深談，但我接受、接受、接受。我不想再為難她，也不想為難自己。

去年，在台中買了房子，這是我願意跟她產生連結的最佳證據。

現在每次回到台中，只要一有空，我就會回家陪她吃飯。有一次朋友錦敦跟我說：「感覺你跟你母親的關係，越來越不一樣了？」他對我經常回家陪母親吃飯一事，感到十分訝異，以前的我不是這樣的。

我是怎麼辦到的呢？這件事，自然而然的、就是這樣，我是不做勉強自己的事的。我想，這跟說完自己的故事、母親的故事有關吧。一旦認回自己不完美的母親，反而讓我可以去療癒與擁抱自己內在受傷的小孩，於是我長出了力量，這力量叫我可以去面對自己不完美的母親。療癒，是從接受真實的自己開始的。

其實，母親這幾年也變得溫和許多。她不再會跟我說太多負面情緒的話，就連最近我塞錢給她，她也開始會說「不用」。以前是有多少、拿多少，她永遠嫌「不夠」。就算偶爾說一下「不用」，那也是客套演戲。但現在是真的，我分辨得出來。

說完故事，認回她與我的不完美之後，漸漸地，她也越來越像一個「母親」了。

◆懺悔的力量

所有的孩子，永遠在等父母兩句話，一句是「我愛你」、一句是「對不起、請原諒我」。我經常跟私塾伙伴這麼說。

相信我，世間沒有完美的父母，縱使你愛你的孩子，一定也不小心傷害過孩子，是嗎？如果有，二話不說，趕快去跟你的孩子懺悔、道歉吧。只要簡單的一句「對不起」，就可以為受傷的孩子帶來極大的療癒。你知道嗎？孩子其實是很容易原諒父母的。

上課時，我常跟很多父母開玩笑說：如果你傷害過孩子，要不現在就去道歉，馬上就沒事。如果愛面子、說不出口，那也沒關係，那你就準備一筆錢，讓他長大以後，可以來找我諮商。（哈）

懺悔是需要很大的勇氣，沒錯，背後如果沒有極大的「愛」做後盾，是辦不到的。道歉之所以有療癒，是因為裡面是愛，愛就是療癒。這個道理，相信大家可以懂。

大姊是家裡被母親傷得最重的孩子。前幾年，一次事件裡，大姊終於跟母親發飆，把內心從小對她的怨恨通通說出來，那一次，很神奇地，母親竟然跟大姊說出：

「對不起，請原諒我小時候沒讀書（冊）」的話。大姊等這句話，足足等了三十年。

母親的道歉，雖然不能完全抹滅大姊的傷痛，但至少，讓大姊開始有力量去做她想做的事（就像開了一家優雅的咖啡廳）。然後，在每年的母親節，她總會陪母親去百貨公司買衣服送她。要做到這樣，真是不容易呀，我很佩服大姊。（這故事寫在第三章裡）

母親節前夕，很抱歉，我選擇，不是歌功頌德母親，反而是去說不完美母親的故事。我們都愛母親，但是，我們也必須接受自己母親的不完美，如此，我們才能真真實實地去擁有自己的母親。

是的，天下「有」不是的父母，請接受吧。

唯有接受、懺悔，才能讓我們跟孩子的關係更加親近。敘事課程裡，我很感動許多人有勇氣、願意開始去坦承自己有一個不完美的家庭、不完美的父母，也因為如此的接納，於是我們療癒了自己，也療癒了長久以來斷裂的親子關係。

真的，如果你有傷害過你的孩子，不管是言語上或肢體上，不管是有心或是無意，都邀請你，誠實面對。你真的不需要完美。

母親節或許是一個好時機，不管你的孩子是否有跟你說：「我愛你、謝謝你」，但請你，一定要勇敢地對孩子說：「對不起、請原諒我，如果我曾傷害過你的話。」如此，你將療癒了孩子，而且給了孩子一個最難忘、最美好的母親節禮物。如此一來，當你接受孩子的母親節禮物時，也才能「當之無愧」，不是嗎？

反之，如果你的父母到現在還無法說出「我愛你」、「對不起」這兩句話，怎麼辦？那就接受吧，不要強求。請你放過自己。

請你先愛自己，先跟自己的內在小孩說：「對不起、請原諒我、我愛你、謝謝你」。（《零極限：創造健康、平靜與財富的夏威夷療法》〔*Zero Limits: The Secret Hawaiian System for Wealth, Health, Peace, and More*〕這四句話，很好用的）

當我們可以成為自己內在小孩的好父母時，療癒一樣可以發生的，這是我的經驗。

3. 讓內心那個理想的母親死掉

有時候，我們必須讓內心那個「完美的母親」死掉，
如此，我們才能繼續在艱困的現實生活中，
讓自己活下去。

如果你有一個讓你辛苦的老婆（或丈夫），恭喜你，你將有機會成為一個哲學家。

這是聽來的笑話。一位年輕人跑去問蘇格拉底，他到底該不該結婚？他希望這位偉大的哲學家給他意見。蘇格拉底當場毫不考慮地跟他說：「你該結婚。」年輕人納悶，問為什麼？蘇格拉底告訴他：「如果你幸運，娶了一個好脾氣的老婆、婚姻幸福美滿，你當然應該結婚，不是嗎？」

「可是……」年輕人想問的是另一種結果。

不等年輕人發問，蘇格拉底繼續說：「如果不幸，你娶了一個脾氣暴躁的老婆，那也沒關係，你將可能變成一個偉大的哲學家，就像我一樣，那也不錯呀。」

這是一個笑話，聽聽就好，可別因為這樣就跑去結婚。配偶可以選擇，要不要跟這個人結婚，由得你作主，但是我們的父母卻是無從選擇，我們是被決定的，不是嗎？今生能成為有血緣關係的家人，這是幸運？或是不幸？不知道。但不管要不要，你都得接受，這是人生的功課。說完母親的故事之後，我越來越明瞭關係背後的意義。

◆認回那個不完美的母親

如果你從小有一個疼愛你、關心你、包容你、對你無條件付出的父母，恭喜你，你真的很幸運，請好好珍惜、感恩。然後閉嘴。請不要去告訴別人：「你應該孝順父母。」之類的話，因為，不是每個人都跟你一樣，如此幸運，有好父母的。

如果不幸，你的父親（或母親）對你冷漠、疏離、缺乏情感，無法給你愛，甚至暴力相向，那麼，也請別洩氣，就算不能成為哲學家，你也有可能成為心理學家或治療師的，就像我一樣。（哈）

據說，人本大師馬斯洛（Maslow）就有一個冷酷無情的母親。小時候有一天他放學回家，發現母親把他養的兩隻小貓給淹死了，叫小小的馬斯洛傷心欲絕。不知道是不是如此，馬斯洛長大以後，立志成為心理學家，並發展出無條件關懷的人本學派。

不只如此。美國當代著名的治療師亞隆（Yalom），也有一個讓他辛苦的母親。在他的小說《媽媽和生命的意義》（*Momma and the Meaning of Life*）裡，無處不透露著自己與母親的糾纏，其中一段，他是這樣描寫母親的：

> 她的性格虛榮、愛控制、愛侵犯人、多疑、惡毒、非常主觀、極度無知（但聰明，就連我都看得出這一點）。我記憶中從來沒有，一次也沒有，和她分享過溫暖的時刻。我從來不曾以她為傲，或想著我真高興她是我的母親。她是毒舌派，對誰都沒有好話……。
>
> 她從來不曾到我的學校參加家長日或親師會。感謝上帝！想到要把她介紹給我的朋友我就害怕……。
>
> 我童年時期最大的疑惑是，父親怎麼受得了她？……

媽呀，這段話簡直說到我的心坎裡去。

故事是最好的同理。我很驚訝、也很高興有人可以把我心裡的話講出來。是的，我的母親就是這樣。

她是一個虛榮、愛錢如命、充滿偏見、愛批評的人，沒有人可以跟她長期相處。現在的她七十幾歲，一人獨居，我哥哥姊姊都住附近，就是沒人敢接她一起住。不是我們不孝，實在是她太難搞了，我們得保護自己的生活。我們給她請了看護阿姨照顧她，但沒有一個人可以做滿三個月，請相信我，她絕對有本事讓跟她住在一起的人，在三個月之內痛苦地離開。

我也從來沒有「我真高興她是我的母親」的念頭。甚至，小時候當她亂發脾氣、把家裡搞得烏煙瘴氣時，我每天都在祈禱：希望母親可以從這個家裡消失掉。這是真的，我希望她「消失」。

有一次在私塾，我跟大家分享自己小時候有這種念頭時，想不到竟然同理了好多人，很多人因為我這麼說以後，都大大地「鬆了一口氣」，原來，不是只有「我」有那種想法。

沒有人願意詛咒自己的母親的，相信我。有這樣的念頭其實會叫孩子產生極大的罪惡感，讓孩子內心很衝突，沒有人想當不孝子的。但這卻是當年那個受傷、無助小孩內心中，最真實的渴望。我們只希望在家裡可以過一點太平日子，但如此卑微的渴望，卻比登天還難。

跟亞隆一樣，我一直很感謝我的母親沒有到學校去講我的壞話，一想到如果哪一天她會出現在學校老師同學面前，我一定會毛骨悚然，當場暈倒。

同時，小時候的我也經常在想：我的父親怎麼可以容忍這個女人，為什麼不跟她離婚算了？

印象裡，每當母親亂發脾氣時，父親大多是安靜沉默、容忍她。如果我們頂嘴，父親也會把我們拉到一旁，要我們忍耐。一直到今天，我都不知道父親他是怎麼辦到的？為什麼他有如此大的能耐去包容母親？

《聖經》〈哥林多前書〉裡說的：「愛是恆久的忍耐、又有恩慈。」（哥前十三）講的大概就是我父親。

不完美的禮物

有一個叫人辛苦、不完美的母親，叫人活得很痛苦，但或許，那也是禮物吧。

如果我沒有這個「痛苦經驗」，我想我大概很難去同理我的案主，很難去貼近跟我一樣類似經驗的學員。

「只有生命可以抵達另一個人的生命。」這幾年，不斷地說著自己的故事，目的在認回自己與療癒自己，但我卻發現，我的故事竟然也成為療癒他人的利器與「管道」。上一篇文章，寫在今年母親節前夕，被我貼在臉書與部落格上，一天之內就得到一百多個讚，文章被大量分享、轉寄，然後，一週內我突然接到很多陌生朋友的留言，他們發自內心地感謝我，說我的故事「解救」了他（她）。

就如同人本大師馬斯洛一樣，亞隆因為從小得不到母親的關懷與肯定，讓他後來成為一個人際取向的心理動力治療師，或許是因為受過苦，他本身也是一位很人本、很有人味的治療師。同樣的，如今我會成為一個敘事人文取向的心理師，這大概也要「歸功」於我的母親吧。（哈）

◆期待被認同的渴望，永不消失

這十多年來，反覆說著我的故事、母親的故事，讓我越來越認識自己、認識我的母親。

當我可以進入母親的成長脈絡時，我才理解了她的貪婪匱乏與壞脾氣。但這樣的理解，不代表她內心的「洞」就可以被填滿，也不代表她會有什麼改變。別傻了。說故事只是在幫助我理解她、同理她，進而長出一些慈悲與愛來，好化解心中的怨與苦，如此而已。故事療癒這帖藥是給自己服用的，請別拿去餵別人，期待別人改變。

在治療別人之前，你得先治療自己。而且這個自我療癒的歷程，是來來回回的，它不是有一個「固定的終點」在前面等你。我們只能在每次的覺察中，一點一滴把自己認回來。我的經驗是如此，剛好亞隆也是。

亞隆在《媽媽和生命的意義》一書裡提到，有一天，他作了一個夢，夢裡他在遊樂園坐纜車逛鬼屋，在黑暗中他揮舞雙臂、用力大喊著：「媽媽！我表現得怎樣？我表現得怎樣？」從夢裡驚醒後，他赫然發現：即使母親已經過世十多年，卻依然活在他的記憶深處裡；原來自己一輩子的努力，其實潛意識都是想要「證明」給母親看，希望得到母親的認同。於是他在書上無奈地說：

為什麼到了人生的盡頭還會問：「我表現得怎樣？媽媽。」難道——這個可能性讓我驚駭——我這一生的作為都是以這個可悲的女人當做主要的觀眾？……我一輩子都在拚命追求自由和成長。難道我根本沒有逃脫我的過去和我的母親？

其實骨子裡，我們永遠都在期待父母的認同，這個發現，叫亞隆心驚，也感到挫折無奈。

他說自己這二、三十年的努力，已經讓他成為美國赫赫有名的心理治療師了，他所寫的書，堆疊起來都可以到達他的腰部了。如此高成就的他，內在卻還住了一個小男孩，他依舊在渴望得到母親的認同？

是的。我們不得不承認，那個內在小孩的「渴望被認同」是如此巨大、堅定不移。如同上一篇文章所寫的，做為一個孩子，我們永遠在期待父母的認同，這是一個「魔咒」，解不開的。

◆臣服、接受：我的母親「就是這樣」

我的母親其實是一個活得很辛苦的人。

她出生在一個重男輕女的農業社會，小學二年級開始、就被迫輟學、每天擔著重重的菜籃、走長長的路到市場賣菜。她生活在一個匱乏的大家庭（缺乏食物、缺乏愛）。她每天不停地工作、被貶抑、被嚴重物化、被工具化，從小，心裡出現一個大洞，匱乏得不得了。生存焦慮如同鬼魅般，跟了她一輩子，叫她經常感到焦慮不安。她是一個很不快樂的母親，不管她擁有的再多，永遠都不夠。心裡那個洞，永遠填不滿的。

因為這些遭遇，讓她無法成為一位慈祥溫柔、有愛心的母親。相反的，她是一個脾氣暴躁、貪婪、重視金錢、待人刻薄、愛批評的母親。相信我，絕對沒有人想要這樣說自己的母親的，要承認這件事是很痛苦的，敬請明白。但這是事實，我們得誠實面對。

請千萬別跟自己（或別人）說：「天下無不是的父母，你要體諒父母的辛苦，他們是不得已的。」這類高調理性的話，對受苦的人可一點幫助也沒有，只會叫人陷入更大的痛苦與內疚中。情緒跨不過去，愛就出不來，這是人性。

這幾年，透過敘事與靈性的修持，我才漸漸明白，**如果我要有能力同理父母，並給出寬容與愛，那麼，首先我得先對自己做這件事。我得先同理自己、愛自己。**

「同理自己、愛自己」的意思是，我們得先疼惜自己內在那個受傷、匱乏的小孩。透過說故事，把他「認」回來，並重新養育他。我們得先接受自己曾受傷的「事實」，不要否認、迴避，粉飾太平。如此的接受、承認它，就是療癒的基礎。

有一年，母親脾氣鬧得凶，二姊被她攪得痛苦不堪。我很幸運，人在台北工作，可以名正言順的「逃」開。其實，我已經逃了二十年。逃家的孩子，其實是為了「保護」自己。這句話，有逃家經驗的人，一定懂。

我呢？雖然是心理師，但面對自己的母親，依然束手無策。千萬別想要改變你的家人，那是妄想。最後下場不但無功而返，只會更加失望、受傷。這是我的經驗。

這幾年的靈性修持，讓我學會了「臣服」。什麼是臣服？就是全然的接受。意思是：接受我的母親「就是這樣」。

臣服、接受，說來簡單，但要做到還真不容易呀。這就是修行。

修行，原來是要落實在人間的呀。這個修行，一點都不高調，它切切實實地、落實在每天跟人的互動中。

現在在家裡，可以跟母親好好說話，維持不錯關係的人，大概只剩下我。平時一有空，我就打電話關心她，一個月抽空回去看她一次，這大概是我所能做到的極限。或許，透過說故事及跟她保持距離，讓我比較有能量去包容母親的這一切吧。

◆將心中那個完美的母親「賜死」

有一年中秋節，二姊跟我通電話，講到母親最近又「發作」了，很整人。說到傷心處，淚流滿面，叫人心疼。還好二姊有上帝的信仰與依靠，不然服侍母親的耐心與

愛，老早被磨光了。（這點是我很佩服及感恩二姊的地方）

在這樣的「戰國時期」，那幾天我猶豫著中秋節要不要回家？我的心很清楚：它不想回去。它想保護我。

但另外有一個我，它叫「勇氣」，它想回去，它想要回去好好跟母親說說話，說真心話。

以前，我回家的模式是這樣的：坐高鐵回台中吃飯，當天來回。回家，母親總會滷我喜歡吃的滷蛋與素雞，然後、餐桌上，我邊吃著飯，邊努力找話題跟她聊天，像是問候她身體等老掉牙的話，最後等話題都聊光了，就進入了長長的沉默。

好不容易吃完飯，母親會打包滷蛋給我。離開前，我會塞一些錢給她，母親會演一下戲、推說不要，但一下子就會塞進她的口袋裡。給完錢，責任已了。然後，我再搭高鐵回台北。通常一走出家門，我都會大大鬆一口氣。

這個模式行之多年，它很安全，但也很乏味。

這樣的回家模式，雖表淺、卻是我跟她多年的連結方式。後來我才知道，這也是很多子女跟父母的互動模式。我們都在「盡義務」。

但今年，我不想。

中秋佳節，別人家裡一家團聚、吃烤肉，和樂融融，我何嘗不想？但人生就是這樣，不是你想要的，就能得到。

今年，我想跟母親有「更真實」的關係。

家人之間能說真話，那是一種靠近，我要的是真實的關係。《關係花園》（*The Relationship Garden*）作者認為，唯有在關係裡每個人都能真實地做自己，如此才能創造真正的親密關係。我理解、也認同。

於是，在中秋當天，我選擇回家。餐桌前，一樣的滷蛋素雞，母親一樣的表情（就是面無表情），但對話不一樣了。

聽完她抱怨後，我深深吸一口氣，看著她，對她說：「我知道妳心裡有一個洞、很想要被填滿，很想要子女愛妳。但我們做子女的，心裡也有一個洞，也需要被填滿，我們也需要母親、需要母愛的，妳知道嗎？妳有愛過我們嗎？」含著淚，我對母親說。

接著，我更大膽了：「妳知道妳有多難伺候、多不體貼、多不知足嗎？我們都好想愛妳，但妳好難愛喔。我們受夠了妳一天到晚的抱怨，妳不能老光想到自己呀。」最後，我說：「二姊最近身體很不好，求求妳多關心一下自己的孩子，好嗎？」

含著眼淚，我幾乎是用懇求的語氣，求她能給出一點慈悲與關愛，祈求她能站上去「母親」的位置，好好扮演一個有慈愛的好母親。這是所有孩子，一輩子、也是唯一的渴望。

母親坐在那裡，始終不說話，表情凝重。

最後說她頭疼，叫我別說了。然後，逃回房間去。

在回台北的高鐵上，我問自己：今天為什麼我要跟母親說這些「真心話」？我幹嘛自找麻煩呢？

然後，我的心回答：「因為，我想要靠近我的母親。」「因為，我不想再活在一個虛假的關係裡。」「因為，我想要一個有感情、有溫度的母親。」「因為我想讓她知道：不只是她傷痕累累，她的孩子也是個個傷痕累累的。」

過去的安全模式，不會有衝突，至少可以維持表面的和諧，我當然也可以這樣過一輩子（如同許多的家庭一樣）。但我不想。我想打破。

去年，讀了一本好書《破碎重生：困境如何幫助我們成長》（*Broken Open: How Difficult Times Can Help Us Grow*），它給我一個靈感：如果舊模式不打破，新的關係就不可能出現、「重生」。我孤注一擲。我不想老媽以後進了棺材，還活在虛假裡，一輩子都無法聽見子女真正的心聲。雖然這樣的真實，叫人難受、頭疼、想逃。

隔天，我給母親打電話、沒人接。晚上聽二姊說，她又開始鬧了。母親打電話去給五舅告狀，五舅就馬上打電話來罵我。這是她反擊的標準回應模式，沒錯。

失敗。我第一個湧上的感覺是：我給母親說實話的結果，依然失敗。她依然沒聽進去。一股熟悉的挫折感再度湧上。然後，一下子，我被波濤洶湧的失望給淹沒了。

◆因為不放棄，所以受苦

隔天早上醒來，在靜心裡，我突然意識到一件事：**有時候，我們必須讓內心那個「完美的母親」死掉，如此，我們才能繼續在艱困的現實生活中，讓自己活下去。**

是的，每個孩子的內心裡，都存在一個對「完美母親」的理想期待。這個期待，是如此堅固、頑強。

或許，這個理想的母親，她從未曾出現過、也不存在。但是，所有的孩子對這個期待，卻是一天都沒消失過。我們依然天天盼望：突然有一天，我們的母親會變好，會成為我們心目中那個理想的母親。孩子對這個期待，是如此執著，永不放棄。

「就是因為不放棄、所以才受苦。」我的心，突然了悟。

於是，我明白了，這次回家去跟母親「懇談」，不只是想真實地靠近她，其實，我更想召回內在那個「理想的母親」。

不幸，幻相再度破滅。

果然「破碎」，但不見得「重生」。

回去懇談雖然失敗，但這件事對我仍是有價值的。起碼，它打破了母子之間行禮如儀的表面虛假模式，同時，它也徹底打破我的「幻相」。

現在，我終於徹徹底底地明白：我心中所渴望的那個理想、完美的母親，過去、現在，都從不曾存在過。或許，未來也不會出現。

認了吧。我跟自己這麼說。

4. 新母親的誕生

接受不完美的母親，同時也在接受不完美的自己，
我們得跟不完美「共存」。
於是，屬於你的美好人生，才會開始。

暴風雨過後的寧靜

當我寫完〈讓內心那個理想的母親死掉〉以後，心裡有一股莫名的平靜。對，我覺悟了。覺悟，給出一種安定。

在那個平靜裡，我看見有一個「新的我」誕生了。

現在的我，終於可以把內心的話、老老實實地對母親說出來。這件事叫我的生命更加篤定，如今，我還可以把這個歷程，真實完整地呈現在大家面前，這更代表著：我接受我的母親「就是這樣」。我不想隱瞞，也不想假裝我有一個完美的母親。我接受在我身上所發生的一切。

當我把這個故事放在臉書與部落格後，竟然引發巨大迴響，這讓我好驚訝。我收到許多朋友的回應，他們告訴我，我的故事觸動了他們、也療癒了他們。

◆故事是一種集體的療癒

故事，創造了一種集體的療癒力量。這是我多年來的私塾經驗。

有人說，她邊看邊哭，明明是別人的故事，怎麼寫得跟我家一模一樣。故事把她的內心話掏出來、被自己看見，很痛，卻也讓她靠近了自己。當我們不再逃避真相時，反而會鬆了一口氣。

「一人故事、眾人故事」。故事帶出的共鳴與滲透力，是如此巨大，我們在當中看見自己，並不再感到孤單。

有人說，他在辦公室收到這篇文章，看到一半便趕快關掉畫面，害怕自己會失控飆淚。在公共領域，我們必須關掉感覺，這是做人的辛苦。

雖然有人只回應簡單幾個字：「心有戚戚焉，痛！」對我而言，這已經是很深的同理了。我看見了對方的「痛」，如同對方也看見我的「痛」一樣，在故事裡，我們生命是如此「合一」。

更貼近我的同理是，有人從我的故事裡，帶出自己的故事。就像私塾夥伴裡，有人寫了長長的信給我，第一次說了她與母親的故事。她們邊寫邊哭。

在彼此的故事裡，我們相互看見、同理，這樣的生命陪伴就是最佳療癒。在私塾裡，敘事不再是高高在上的理論，它是如此活生生地被實踐著。

另一位私塾新伙伴小珍回我說：「你很勇敢，敢跟母親說真話、敢把自己的故事寫出來公開，我缺乏這種勇氣。」

我回她：「我不是天生勇敢的。我的勇氣，是在敘說與實踐中長出來的。」就像有一年暑假去雲南旅行回來後，我發現：「我不是因為有勇氣才一個人去旅行，我的勇氣是在旅行中，一點一滴長出來的。」

「不急、慢慢來。」我跟小珍說：「其實我們都很軟弱。當我們還不夠勇敢時，就先接受自己的脆弱吧。當我們可以如實地接受、承認自己不夠勇敢時，當下就是勇敢。」生命是如此弔詭，沒錯。當你敢轉身認了自己的脆弱時，生命當下就立刻「翻轉」，你立刻變得勇敢。

說故事，是一種告白，也是一種「宣告」。

當我把這個故事說出來的同時，同時也在把內在那個虛幻的理想母親給「賜死」。唯有如此，我才有辦法回到現實中，如實面對那個不完美的母親。

◆說完故事，人才可以安靜地過生活

說完故事後，我內心的河不再澎湃、不再洶湧，它進入深深的大海中，寬闊、平靜、安詳。

昨天，在那個平靜裡，我安然地度過一整天。早上起來靜心、寫作，下午接個案、去游泳，傍晚去仙跡岩爬山、吹晚風、看夕陽。那一晚，我在景美夜市吃一碗美味的鴨肉麵與燙青菜，對這樣簡單的食物、簡單的生活，我感到心滿意足。

暴風雨過後，讓我可以安安靜靜地「活在生活裡」，並感受到一種淡淡的幸福，這都要歸功於：我會「說故事」。

說完故事後，我不再哀怨、也不再因為自己沒有一個充滿愛的母親而感到悲傷。我學會，為我自己負責，也為我的人生負責。當下，我當起了自己的好母親，我發誓我要好好善待自己。這樣的覺悟帶出了力量，讓我可以安然地面對自己的挫折。於是，心裡有個東西，緩緩地產生了。

那一晚，在睡前的靜心裡，我既平靜又感恩。於是，我向上天宇宙與內在聖靈發出深深的感恩。

我感恩：我有說故事的能力。

我感恩：我可以感覺到自己的悲傷與幸福。

我感恩：有這麼多人聆聽我的故事，並以慈悲、善解的方式回應我。

我感恩：我的故事可以幫助到其他跟我一樣受苦的靈魂。

突然，在感恩中，我收到一個訊息：**「原諒她吧。母親只是配合演出。」**

原諒？是的，是該原諒母親的，她不是故意的。理智上，我早已知道，但常常做不到。沒辦法，情緒過不去，理性就出不來，這就是為什麼我要一直說故事的原因。

如今，故事說到這兒，也夠了。

接受不完美的母親，同時也是接受不完美的自己，我們得跟不完美「共存」。於是，屬於我的美好人生，才會開始。

我突然領悟：今生的生命藍圖，其實都是自己靈魂的選擇與決定。

我選擇出生在這個家庭，選擇了這樣的母親，其中必有「緣故」，這是宇宙奧妙的安排。母親的出現，其實是在幫助我「做功課」。她，只是「配合演出」而已，說得一點都沒錯。（如果不知道我在說什麼的人，請看《從未知中解脫：10個回溯前世、了解今生挑戰的真實故事》〔*Courageous Souls: Do We Plan Our Life Challenges Before Birth?*〕一書）

那一晚，這樣的了悟，讓我心中充滿了感謝。不久，我就進入深深的睡眠裡，一覺到天亮。

◆奇蹟出現

早上起床，喝水、靜坐，心裡依然平安。

靜心完，抽了一張神諭卡（這是我展開一天的「儀式」）。今天，我抽到的牌是「平靜」，這張牌它告訴我：**「不需要擔心，因為一切的發展是如此順利。」**是的，感恩。雖然我不知道這是什麼意思，但這個來自大我的訊息，是如此撫慰人心，叫人安穩。

神奇的是：連續兩天靜坐完抽牌，我都抽到「平靜」這張牌，你說神不神？（一副牌有四十四張，要連續兩天抽到同一張牌的機率有多大你自己算）

「我明白了。」我的心，默默地跟內在神性說聲：「謝謝。」

我感受到：這個訊息乃出自於神的善意與關愛。突然間，我有了新的領悟：內在的大我，其實就是我的母親，她一直都在，始終不離不棄呀。喔，原來我那個理想的母親，一直都在，只是她不在外面，她在我的裡面。

因為這個新領悟，讓我跟宇宙產生一種新而深切的連結，頓時間，心更加平和、安然。

那一天，我打算去超市買菜，就在出門前，手機響了，發現裡面有一封簡訊，一看，是二姊發的，裡面寫著：「媽媽昨天做了一件讓我感動的事，她昨晚跟我說：『很晚了，妳趕快回去休息吧。』媽媽真的改變了，感謝上帝。」

那一陣子，二姊為了安撫母親的情緒，每天晚上去陪她、幫她按摩。喔，是的，媽媽真的改變了，以前的她絕對不會說出這種體貼話的。感謝上帝。

看完簡訊，淚水奪眶而出。果然，「一切的發展是如此順利。」果然，我「不需擔心」。我終於知道那張牌卡的意思了。

前幾天，寫故事中的我，依然感到沮喪、挫折。我發現：當我認定我對母親的「懇談」是失敗時，不就表示我對母親依然還是帶有期待的嗎？其實骨子裡，我還是期待她扮演我內在那個理想母親的，不是嗎？

那次懇談真的失敗了嗎？不，事情不是這樣看的。成敗不重要，重要的是，我不放棄我跟她的關係，我不放棄做真實的自我。**這些「不放棄」，是因為我要讓自己活得更好，我要讓自己有感覺地活著。**此刻，如此的領悟，叫我看見有一個我，是如此勇敢、有力量。

到了超市，我買了一顆好大的高麗菜。我好懷念小時候媽媽炒的高麗菜。母親至少還有一項好處：她很會炒菜，雖然這已經是很久以前的事了。那天中午，我決定炒一盤高麗菜給自己吃。就在我這樣想時，我突然意識到一件事：在前天寫出故事，決定讓心中那個虛幻的理想母親死掉以後，今天，我卻得到一個新母親。這個新母親，開始會體諒人、會感恩、會說好話了。

喔，果然「破碎重生」！

仔細辨識：剛剛的掉淚，不單只是母親改變了，而是因為我知道：那次懇談其實對她是有影響的，她把我的「真心話」給聽進去了。

雖然，真心話像是丟出炸彈一般，叫媽媽感到難受、頭疼、想逃，但有時，這個炸彈是必要的。過去，母親一直是家中的女王，從來沒人敢違逆她、跟她說真話。如今，這顆炸彈卻炸開了她的幻相（對，她不是女王，而且她必須重新站回「母親」

的位置）同時，也炸開她閉鎖已久的心。炸彈，把她從深深怨恨的硬殼裡炸開，走出來，於是，她才能重新看見陽光、看見她的孩子、也看見別人對她的善意與付出。好一個「破碎重生」！

真的，其實孩子要的不多，我們要的，其實只是一份母親的體貼與關心罷了。你看，一句：「妳早點回家休息。」就讓二姊感動到半夜傳簡訊給我。你看，孩子有多好哄。家裡四個兄弟姊妹，個個都是體貼善良的好孩子，但可惜，母親永遠看不見，永遠嫌不夠。她心裡那個「洞」，太大了。

在這次對母親說真話的「行動」裡，讓我看見了生命的奇蹟與恩典。生命有時得「孤注一擲」，才會有重生的可能。

這次，我打破了舊模式，把童年裡的恐懼、憤怒、悲哀，全丟到火堆裡，讓它燃燒、昇華，我要讓舊關係「死掉」，於是，一個新的生命、新的關係才能從灰燼當中，走出來、重生。

經過這次碰撞，我與我的母親都不一樣了。我們一起「浴火重生」。

當然，我也提醒自己：我不該再期待母親要變成怎樣的母親，我得接受：她永遠也不會成為我心目中那個理想的母親。如果我繼續期待，馬上又落入舊模式中了，不是嗎？夠了，故事可以結束了。

現在，我告訴自己：她要怎樣都行，而我，只能接納、接納、接納。這是我的人生功課。

每個人都要對自己的生命負責，並負起百分之百的責任。認清了這個事實，就不會再抱怨人生。

因為不再抗拒，臣服、接受，於是短短幾天裡，一位新母親誕生了。此刻，我知道，有一部分的我，也在這個爆炸歷程中，死去、又誕生了。

5. 受苦的女人（母親的故事）

從別人的苦難裡，讓我看見了自己，
唯有穿越苦難，
我們才能抵達生命的彼岸。

「**幸福人家彼此都很類似，可是不幸人家的苦難卻是各不相同。**」這是出自《安娜．卡列尼娜》小說裡的一句話。

這幾年，在私塾裡聆聽許多人的故事，每個受苦的靈魂，背後都有一段故事。在故事裡，我不只看見每一個人的苦難都各不相同，我更看見：每個不放棄的生命，它的韌性是如此強大。

是的，我有一個讓人辛苦的母親，為什麼她會活得這麼辛苦，也讓周遭的人活得辛苦呢？這當然是有故事的。這些年來，我回家時常訪問母親，聆聽她說故事（這是我靠近她、愛她的方式），於是，我漸漸明白了她那難搞的個性是怎麼來的。原來，這跟她當時成長的家庭、社會大環境、性別息息相關。

如今看個明白，一份憐憫，油然而生。就讓我來說說母親的故事吧。

一生勞動，毫無選擇的人生

母親出生在人口眾多的鄉下農家，她有九個兄弟姊妹，她是長女。她的母親是一個嚴肅、掌控、脾氣暴躁的母親，經常打孩子（原來我母親是外婆的翻版）。她的父親（我外公）是個愛面子的大男人，浪蕩好賭，經常出去賭博，最後把家裡田產給輸個精光。因此母親在國小二年級時，外公就叫她不要上學了，去市場賣菜、補貼家用。

在那個貧窮又重男輕女的年代，女性往往是被剝削的對象。母親被嚴重的物化、工具化，她只是家裡勞動、賺錢的工具而已。很悲慘。

在三〇、四〇年代，台灣幾乎家家戶戶都是貧窮的農家，那時候勞動是必然的生存之道。母親說每天清晨一大早天未亮，她就要到菜園裡摘菜，然後用扁擔挑著重重的青菜走到市場裡賣，那時候，母親才十歲。

貧苦加上重男輕女，缺乏學歷的母親別無選擇，除了勞動、也只能勞動，這是她唯一的生存方式。剛好她又是長女，自然得挑起養家的責任，這也造就了她的能幹與剛強。

說到這裡，突然想起了我大姊。她跟母親的故事很像。

小時候家貧，父母出外工作，據說小學開始，她就要在家煮飯、做所有家事。一上國中，更是被我媽逼著去給人家洗衣服打工賺錢。國中畢業，媽媽不肯讓她升學，於是她半工半讀，白天當餐廳服務生，晚上唸夜間補校。

大姊跟母親，她們都是家裡的長女，也都是家裡的「犧牲品」。唯一的差別是，大姊還有一個愛她的爸爸與丈夫，而媽媽呢？我外公根本就是父權社會底下的大男人，在他的眼裡，女兒只是一個生產的工具而已。

◆被羞辱的經驗與自卑

活在一個重男輕女的家庭與時代，是母親受苦的根源，也是她自卑的來源。

母親說，家裡的資源幾乎都給了她的大哥、二哥（我大舅、二舅），只有他們可以唸書，被栽培唸到師範院校，後來去當老師。

母親說，當時她每天出去賣菜，零用錢比較多，兩個哥哥就每天跑來跟她要零用錢，鑑於兄威，她不能不給。但最讓母親難堪的是，有一次她挑菜到大舅教書的學校附近賣菜，結果大舅從學校裡跑出來大聲斥責她說：**「麥來家（不要來這兒）賣菜，**

下哇耶（丟我的）面子。」被自家大哥嫌棄，嫌她賣菜讓他丟臉，讓母親當場羞愧地抓著沒賣完的菜，一路哭回家。

不只如此，媽媽還說，爸爸餐廳倒了以後沒有工作、失業在家照顧孩子，而她每天一大早天沒亮就得偷偷出門兜售衣服，而且要到晚上天黑才敢回家，因為她怕被鄰居、親戚看到，怕會被人家笑，笑母親嫁給一個貧窮的外省人。

除了小時候被自己的大哥羞辱，媽媽還曾被自己的妹妹羞辱過，媽媽說起這段故事時又是一陣鼻酸。

媽說二姨媽曾住在清水並開家小店鋪（這我有印象），因為之前賣毛衣每天到處跑很辛苦，所以她就跟二姨商量，想借他們家的店面門口，打算賣陽春麵謀生。當時媽沒錢買桌椅，還跟二姨媽借了兩百塊買桌椅餐具，想不到才做完第一天的生意，到了晚上二姨媽就氣沖沖地跑來找媽興師問罪，責罵她為什麼用了他們的木炭燒火，據說姨媽當場像潑婦罵街般辱罵母親，毫不留情面，母親被自己的妹妹羞辱，連夜哭著跑回台中的家，再也不敢回清水做生意了。

為了求生存，母親遭逢的困境不單是外在環境，連自家親兄妹都給予無情的摧殘，真叫人情何以堪。怪不得她後來自尊心特別強，好面子；也難怪她後來要這麼努力、打拚，因為她要做給家人看，不能服輸。但也因為如此，她變成一個缺乏情感、脾氣暴躁的人。可憐的她，從來沒有被愛過。

我終於可以理解：母親的內心為什麼老是充滿了自卑與不安全感。如此性格，當然也叫她無法好好過生活、安度晚年。她經常處在擔憂、算計中，而且始終覺得「不夠」，一天到晚跟我們兄弟姊妹要錢，實在很無奈。她本身是節儉得要命的人，每次如廁完都不沖馬桶（為了省水），真搞不懂，她要這麼多錢到底要幹嘛？

◆一輩子的「孤單」，無人能懂

不過，這一年來，我也在反思：或許母親要錢不光是「沒安全感」，其實她是孤單的。透過跟我們要錢，或許是想跟我們產生「連結」吧。

現在我每兩天就會主動打電話回家，跟母親聊聊天，試著跟她做連結。

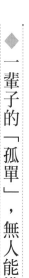

是的，母親從小就是孤單，這是她的生命基調。我也是。

母親經常跟我說起她小時候賣菜的故事，說的時候，眼裡依然透露著一絲的迷茫。那時候一大早天還沒亮，小小的她就得一個人摸黑到菜園裡摘菜，然後再擔著菜籃、走長長的路去賣菜。清晨天還沒亮、很暗，小小的她很害怕，當時只有一隻土黃狗陪著她去菜園摘菜、賣菜，一陪就是數十年。那隻土黃狗，是母親童年唯一的伴。

後來，我腦海裡經常浮現一個小女生擔著扁擔走長長的路去賣菜，旁邊只有一條土黃狗一路相隨的孤單畫面。這個畫面，讓我心疼，也讓我跟母親靠近。

父親生意失敗後，母親被迫外出勞動賺錢，她要撐起這個家。由於對貧苦的巨大焦慮，加上過去原生家庭的傷，讓母親變得很焦慮、脾氣暴躁，經常罵人，想當然爾，如此當然跟孩子距離遠、不親（我們孩子都跟父親比較親近）。小時候一看到母親，自然就想要躲，於是，母親在這個家裡，更是孤單了。難怪她要去信一貫道，在那裡有一群道親圍繞著她、讓她感到不孤單。其實母親她是喜歡熱鬧、她需要舞台、需要被捧，這個我都知道。

母親一生勞苦、一生孤單，在這份孤單裡，卻隱藏著極大的自卑與自負。

是的，現今的我不得不承認，母親是一個有能力在艱困中求生存的人。她的求生意志，無能人比。因緣際會下母親去學做素菜，後來就是靠這個本事賺錢買了一間房子，讓我們全家脫離了從小住的「土角厝」。那樣的生存能力與生命韌性，在故事中第一次被我看到，認回來。

◆被決定的婚姻，一輩子的怨

母親的苦還不只如此。婚姻是女人一生中最重要的選擇，但是，母親卻是「無從選擇」。小時候常聽母親說：「為兩萬塊，我被你外公給賣掉……」那個怨，一輩子難消。

十七歲那年，外公在車龍埔（台中太平）開了一家雜貨鋪，母親得每天去顧店。父親那時在車龍埔服役，因為常到外公的雜貨鋪買東西而認識了媽媽。大概對媽媽有好感吧，父親經常給外公送米、送鹽、肉類等民生物資，父親想討好母親，外公對爸爸也頗有好感。那時候外公在外賭錢，欠了很多賭債，於是向爸爸借了兩萬塊錢，最後，硬是要媽媽嫁給爸爸，想說這樣就不用還錢了，但這也開啟了母親對父親一輩子的怨與恨。

「你阿公為了兩萬塊，把我嫁給了你爸爸。」媽媽說的時候，表情依舊怨嘆。與其說是「嫁」，不如說「賣」，賣給一個「外省兵」，真叫人情何以堪。

我曾問她：「當時妳不想嫁給爸爸嗎？如果不想，怎麼不拒絕？」

「唉呦，係大郎（長輩）要叫妳嫁，妳怎麼可能反對說不要……」媽媽說的時候，依舊無奈。這是一個在傳統農業社會、父權底下，女性被壓抑、失去自我的故事。

母親就這樣「嫁」給了父親，一個外省兵，一個她小時候天未亮出去賣菜時，會被別人威脅說很可怕、會抓人的「外省兵」。但她沒有選擇的餘地，不能說不，父命難違。是該怨嘆命運？還是自己的父親？還是怨恨丈夫？命運弄人，好像怨誰都不是。不能做自己的母親，活得分裂又痛苦，當年她只有十八歲。

母親對父親的怨，不只如此。更要命的是，父親在大陸早已經娶妻生子，父親本以為回不去了，因此才會想娶母親的，但想不到，後來大陸的大媽竟然也帶著兒子逃難到台灣來，唉，真是造化弄人。

我不知道當年他們三人是怎麼「面對」這件事的，我想，那時母親的處境一定很尷尬。結果，父親依然跟我們住，只有假日時，偶爾會帶我們去彰化找大媽，但是身份證上，父親的配偶欄裡依舊是大媽，我的母親，是一個沒有名分的女人。在法律上，母親是沒有名分的，怪不得她會如此怨恨不平、沒有安全感。

這是一個時代悲劇所造成的結果。你無法怨誰，也只能無奈。

說完母親的故事，讓我對她有了更多的理解與憐憫。然後，心裡有個「東西」，漸漸鬆了。那個東西是什麼呢？下回讓我再慢慢說清楚吧。

6. 因為慈悲，所以懂得

只有受過傷的人，可以懂得受傷的人。
這份懂得，來自慈悲，
來自對不完美人生的了悟。

十年來，不斷地說著母親的故事，面對自己生命的斷裂處，我在療傷止痛。以前，我跟大多數人一樣，多麼害怕讓別人知道我有一個不完美的母親。不完美，讓人痛苦，但後來我更發現：**不能接受自己的不完美，這才是更叫人感到痛苦。**

感謝敘事教會我一件事：**如果我沒法認回自己不完美的母親，那麼我也無法認回不完美的自己。她其實是我生命的一部分，不管要不要，我都得接受：她就是我母親，而且，她就是這樣。**

如果抗拒、不接受，我的生命會跟母親一樣，一輩子被困在不完美的地牢裡，拉扯掙扎。我不想這樣，於是我說故事，說故事「疏通」我的生命，讓我擁抱自己的不完美。

這些年陸陸續續、來來回回地不斷說著母親的故事，剛開始，心裡還有很多情緒，面對這些情緒很辛苦，邊說邊哭，但這就是故事的療癒歷程，得忍耐。

漸漸地，等說到一個階段，受傷的情緒被疏通之後，我也同時擁抱了自己受傷的內在小孩，於是療癒就產生了。然後，我也有了能量去說母親原生家庭的故事了。說完母親的故事，讓我漸漸得以理解她的苦。我發現，這個層次的疏通，也是關係的「修通」，當中，有個「慈悲」的東西漸漸長出來。

當故事說到深處，我突然從母親的故事裡看見了自己，我看見我與母親在生命底層裡，竟是如此相似又相通，這個看見，不但修補了我們之間的「斷裂」，更在無形中創造我與母親生命的深深連結。那是一種很原始、很根源的連結。

當我從故事裡感通了母親的受苦經驗，同時我也感通了自己。說故事讓我學會慈悲，也讓我懂得生命的艱難。

於是，當我說完了母親的故事，同時我也認回了自己的母親，就如同胡紹嘉在〈于祕密之所探光：遭遇的書寫與描繪自我〉一文評論《多桑與紅玫瑰》（陳文玲著，大塊文化出版）裡，他寫著：

……透過書寫，這個「我」在追溯、尋找母親的印記的同時，作者其實也在辨認長成於其中的自己，並將之「嵌置」（embed）於不同人物關係中。但最終，陳文玲在敘事的過程中，找到的是「自己」。就像《多桑與紅玫瑰》的副標題所透露的：「這個叫做劉惠芬的女人是我媽媽，是的，她是我媽媽。」

「是的，她就是我的母親」，如此的接受，就是書寫的目的，也是療癒的完成。我就是如此。

◆母親已經很難惹毛我了

今年母親節我依舊回台中，給母親買花、買禮物、陪她吃飯，完全發自內心、心甘情願的。

前一晚我問大姊是否回家吃飯？她沒立即回答，看得出心裡仍有掙扎。她跟我說，母親這個禮拜已經打了三通電話給她，然後跟她講了「三遍」，說我表弟上週日特意買了蛋糕提前幫她過母親節，這件事把大姊給惹毛了。

呵呵，這就是我的母親，沒錯。她就是會用這種方式去表達需要的母親，她會一天到晚跟我們說誰對她多好，目的是要提醒你：「你也要對我好喔。」

我十分能同理大姊的糾結心情。本來就會幫母親買禮物的，這種事就算是形式化，她也一定會去做，但每次都要被這樣比較、提醒，實在叫人不舒服。我以前也會。

但現在，我不會了。

聽完大姊的抱怨，我心裡完全沒有感覺，我很接受母親「就是這樣」，而且現在的我很清楚地明白：她不是在比較，她只是在「討愛」罷了。

說完故事之後，我再看她，已經超越了「母親」的角色，我看見的是一個內在匱乏的「小女孩」。她需要愛、渴望愛，而且她在討愛。

因為這樣的看見，心裡的東西變輕、也變鬆了。所以我常跟人講說：現在，我的母親已經很難惹毛我了。（哈）

對母親，現在的我，真的是打從心裡憐憫她。

說完故事之後，我的心變得柔軟許多。我知道，過去她所承受與經驗到的痛與苦，絕對大過我好幾十倍。我在想：起碼我有個好父親，我的兄姊待我還不錯，而她呢？不但從小被母親打到大（大姊曾親眼目睹外婆打母親，你看，就算母親當母親了，還是照樣被打），甚至連外公、連她的兄弟姊妹，也沒幾個是真心待她的。

說完故事之後，我真的覺得她很可憐。做為一個母親，她是不完美的，但我想她盡力了。做為一個女人，她雖悲苦，卻很有力量。現在，對於那個從小長期生活在暴力陰影下的母親，我沒有恨，只有憐憫、只有疼惜。

故事，不只疏通了我與母親的關係，我更發現：這幾年我的情緒也變得安穩、平和許多。以前，我是個急性子，事情沒做完總是很焦慮（跟我老媽一樣）；現在，我懂得放慢腳步，知道只要盡力就好，我不再為難自己了。

我終於學會放過自己了。

現在，包括走路、說話、吃飯，我也都會盡量放慢。我想，這就是我說完故事的療癒吧，說完故事之後，以前內心的糾糾結結，鬆了，不再糾纏。

◆說完故事，慈悲升起

不只如此。我也發現：或許因為自己這樣受苦的經驗，反而讓我更容易同理跟我有類似經驗的受苦靈魂。原來，這世上擁有一個不完美父母的人，還真不少哩，原來，我們都是一樣的。

說故事，讓我認回內在受傷的小孩，也讓我與其他受傷的眾生更加靠近。

說完故事後，叫我越來越能貼近案主（學員）內心的傷痛與不堪，並產生慈悲心。在故事裡我們的生命是「合一」的。

只有受過傷的人，可以懂得受傷的人。這份懂得，來自慈悲，來自對不完美人生的了悟。於是，我明白了：

原來，受苦掙扎是人生中的必然。

原來，不完美的人生才是正常的人生。

原來，每個人都一樣，我們天生注定要與這些不完美為伍、並在不完美中受苦。雖然受苦，卻讓我們在當中學習，叫生命因此茁壯、發光、發亮、美麗。

原來，這就是生命受苦的意義，也是不完美的禮物。

說也奇怪，這幾年來找我的個案很多都跟我的生命經驗很類似。他們和我一樣，都有一個不完美的母親（有的是父親），生命也曾在掙扎中度過。

因此，聆聽他們的故事，我很容易就能進入對方內心深處裡、那個無法言說的痛。當我聆聽故事時，通常會溫柔地注視著對方，心裡默唸：「我愛你、謝謝你、對不起、請原諒我。」如此，讓我可以直接進入到對方受傷的靈魂裡，跟靈魂做對話、連結，並撫平他內心的傷與痛。當中，我與我的案主，深深地同在，而這樣的陪伴，是一種靈魂相伴，我「超渡」了那個受傷的靈魂。這幾年我的敘事靈性工作，就是這樣做的。

如果你聽不懂我在講什麼，沒關係。其實我想說的是：聆聽故事，絕不是頭腦的運作，這是用整個生命（whole life）去接住生命的，只有靈魂可以進入另一個人的靈魂裡，不管說故事或聽故事，都是一種靈魂的碰觸。

唉，我經常感嘆：成為助人者，如果不去說故事、不去面對生命的斷裂、不敢碰觸生命的不完美，你大概也很難去疏通別人吧。一切療癒，得由我開始。

最近看了一本書，我想以書上的話做為結尾。它認為說故事是：

這是一場無遮掩的表露，勇敢地承認自己是誰，接受自己的不完美，接受世間的不完美；真誠地面對與接受自己的不完美，將被我們摒棄的陰影收編，減少否認與自責所耗費的能量，然後才有能力放下，有可能放棄執著，不再試圖掌控一切，才有機會成為完整的人。

說故事，就是收編陰影。我完全同意。

說故事就像是一場人生的修練。說完故事，心於是柔軟了，有個叫慈悲的東西在心中緩緩升起，當我們接受並擁抱「不完美」時，於是我們終於成為了自己。成為真實的自己，再也沒有什麼比這更重要的了。

第三章

擁抱你的內在小孩

透過懺悔、寬恕、超渡等靈性儀式
讓我們得以重新擁抱
受傷的內在小孩

1. 懺悔的力量

所有的孩子，永遠在等父母這兩句話，
第一句是：「我愛你。」
第二句是：「對不起、請原諒我。」
這兩句話，叫受傷的靈魂得以被撫慰。
因為，懺悔就是愛，愛就是療癒。

今天，突然很想打電話給大姊，已經有一個禮拜沒跟大姊通電話了，不知道她過得如何？

每次我都可以從大姊接起電話的第一聲裡，去判斷她情緒的好壞。

「喂，志建你好。」聲音是高揚的。電話裡傳來愉悅的聲音，我放心了。

「最近過得如何？」我也變得興致高昂起來。

「最近過得還不錯呀。」

「怎麼說呢？」我好奇地問。

「最近我走在路上，可以感受到微風吹過身上，開始有一種幸福感，覺得雙腳好像比較踏在地上了。」哦，大姊好會形容，這麼一說，叫我眼睛發亮。

一定有故事的，我迫不及待想知道。

接著，大姊跟我說了一個她跟媽媽互動的故事，這個故事，讓兩人的關係有了重大的突破。

話說有一天，大姊打電話回家想跟媽聊聊天，媽一接起電話，大姊問：「媽，妳在幹嘛？」

「我在包水餃給妳大弟。」媽說。有時，哥哥怕媽一個人在家無聊、想東想西，會故意說他要吃水餃，叫媽包給他吃，目的是讓她有事做、讓她覺得自己有用。據說讓老人家做點家事，可以預防老人失智症。

難得今天大姊心情不錯，於是隨口說：「那我也要。」聽得出來，那是女兒的撒嬌。想不到，母親竟然說：「好，給妳十個。」就匆匆掛了電話。

大姊說，母親回話時的口氣，很硬、很急著想掛電話，她突然愣在那裡好一會兒。突然間，某些記憶一湧而上，她過去被拒絕、被忽略、被不公平對待的受傷感覺，一下子如巨浪般襲來。大姊就在電話機旁，狂哭了起來。

不久，不知大姊哪裡來的勇氣，竟然又撥了電話回去給媽。

電話裡，大姊說：「剛剛妳的話，讓我好傷心。我不是真的要吃妳的水餃，我有錢買得起水餃，但為什麼從小到大，妳從來沒想過我需要什麼，妳都沒問過我，只會想到弟弟妹妹，妳只會給他們，從來沒有主動關心我、給過我什麼！」大姊邊說邊哭、哭得好傷心，剎那間，回到童年小女孩一般的委屈。

還好媽媽這回沒掛電話。

要是在以前，媽媽一聽到這樣的話，一定「接不住」，會生氣地否認：「哪有，妳想太多了啦。」然後氣得掛電話。這是她的模式，也是讓母親跟我們子女關係，一直處在斷裂的原因。

大姊越哭越傷心，媽媽呢？沒掛電話，也沒說話，她大概大吃了一驚。最後，是大姊自己先把電話掛斷的。

後來媽媽打給大哥，跟他講剛剛跟大姊通話的事，說要到大姊家去看她。哥哥怕她們兩人吵架，叫媽先緩一緩，然後自己打電話給大姊，說媽要過去看她。想不到，大姊竟然答應。

「我就跟你哥說，讓媽來呀，要講就講清楚。」不久後，媽搭了計程車趕到大姊家。在母親趕到大姊家前，大姊又開始焦慮了，馬上打電話給二姊，要她也立刻趕過來。「我沒有辦法單獨面對媽媽說話。」大姊說。

沒錯，她們的關係斷裂很久了。

長久以來，她們兩人是沒辦法在一個空間裡單獨相處的。這樣的難處，恐怕非他人所能理解。

但二姊正在忙搬家、整理東西，實在趕不過去。大姊這次也只能硬著頭皮，單獨面對媽媽了。她說，當時她其實很焦慮、很緊張，但不知道哪裡來的勇氣，反正內在就是有個聲音告訴她：**「妳要勇敢。」**

◆終於等到那一聲：「對不起」

當時大姊從國外搬回台中已經三個多月，母親卻是第一次到大姊家。進去以後，她先到處看一下，看到這麼高級的住所，媽忍不住問：「房租要多少錢？」錢在母親的心目中，永遠是第一位，沒錯。

但現在，大姊不想跟媽媽討論錢，她只想討論她們之間的關係，所以淡淡地回：「很貴。」然後就邀母親到餐桌，坐下，給媽泡杯茶，兩個人面對面，望著。

「我真的豁出去了，不知道哪裡來的勇氣，我就開始說著從小被媽媽虐待的事，還有她的偏心，什麼好吃的都先給你二姊，我好像不是她的女兒，我邊說邊哭，哭得

西，會不自覺地、期待從別人身上獲得，然後，無所不用其極地，開始玩各種心理伎倆、人際把戲（如討好、攻擊批判等），根據我的經驗，但最後都會「無功而返」，反而把自己及親近的人弄得傷痕累累、疲憊不堪。

關係的修復，是一個大工程，也是每一個人一生中最重要的功課。

我們一生努力、做了很多事，最終的目的，其實都在追尋愛、討愛罷了。我們討愛的對象，其實就是父母，我們一生都在期待得到父母的認同與肯定。這是我做心理工作二十餘年最大的發現。

但這些年的自我療癒經驗也告訴我：我是無法從別人身上得到療癒與愛的，除非我先愛自己。真的，早期缺乏父母關愛的傷痛與匱乏這件事，你無法回頭去跟父母要，就算要，也不見得要得到。那怎麼辦？

唯一辦法，就是從自己身上下手。

只有我們可以療癒、撫慰自己內在那個受傷、匱乏的小孩。而且，當我們願意照撫那個匱乏的小孩時，很神奇的是，父母或他人也會突然改變了，變得「善待」起我們自己。大姊是如此，我的個案與私塾成員也是如此。

至今，我依然無法理解：母親怎麼能夠「突然」辦到，說出「對不起、請原諒我」這句話。但「對不起、請原諒我」這句話，其實早已隨時隨地在我的腦海裡不斷播放著。

這幾個月，時時刻刻，我都對著內在神性的大我說這四句話，這幾句簡單的禱告語，不管它有沒有效，至少它讓我心裡感到平安。

或許，也因如此，透過與大我的聯繫，我安放了自己，我的母親也自然改變了，她變得比以前更有愛、更慈悲。這樣靈性的「連動」，是我這幾年的生活經驗。

2. 內在小孩的靈性療癒

所有人生的困境，都是我們靈魂的召喚。生命中發生的一切，都是一種福氣。
——《破碎重生》

家，是我們的庇護所，但家庭也會傷人。沒有一個家庭是完美的，也沒有一個人的父母是完美的。這個事實，你不得不承認。不認，你就受苦。

在我的敘事諮商裡，經常做家族治療，但你知道的，在我們「家醜不可外揚」的文化裡，要叫全家人一起來諮商，簡直比登天還難。

那怎麼辦?來自家庭的傷、童年的創傷，只因家人不來、系統不變，就無法療癒了嗎?不。

這幾年，我的敘事工作發展出一種「一人家族治療」的諮商模式，家人能來最好，不然，你一個人來，只要你願意好好地說故事，透過脈絡性的理解與對話，同樣可以進行家庭諮商。當一個人開始說故事，生命就開始產生流動。一旦自己的生命流動，所處的系統（家庭動力）也會跟著改變。這樣的**「靈性連動」**，是敘事諮商的最大特色，也是我這幾年最驚訝的發現。

在敘事「脈絡性的理解」裡，讓我們回到自己當時生長環境的社會文化大脈絡，去理解當時的發生，同時更進一步，回到父母成長背景的環境裡，理解父母為何會變成這樣的人。透過這樣脈絡性的理解，可以讓我們明白：父母對我們的傷害，可能真的不是故意的，也不是衝著我們來的。「原來，不是我不好，父母不是不愛我，是因為當時的他們給不出愛來。」這樣的新理解，可以幫助我們鬆動原本的「相信」，讓我們不需要再拿鞭子鞭打自己。

但後來，我也發現：不是每個說完父母故事的人，都可以完全從傷痛裡得到解脫、療癒。

曾經，有一個私塾學生，她是一位研究生，論文就是寫自我敘說。她從小就是受虐兒，在充滿暴力的家庭裡長大，透過論文書寫自己的受暴故事，她想把小時候被虐待的自己認回來。

書寫的過程很辛苦，她邊寫邊哭，要面對往事的不堪與傷痛，心裡其實很掙扎，百般不願，但她知道，她沒有別的選擇，這是她療癒自己內在小孩的方式。整整花了兩年，她才寫完自己的故事。

這是一個辛苦的歷程，但很值得。還有什麼比「解救自己」更重要的呢？

透過故事的探索，她漸漸明白：不是她不乖、不好，原來她只是父母童年創傷投射的「受害者」。她並沒有錯。甚至，她發現自己能夠在這樣惡劣的環境長大，存活下來、沒有變壞、沒有自我放棄，還能夠唸到研究所，這已經是一件很了不起的事。沒錯，我們得這樣看自己。

寫完論文後，她重新看見自己，她不只是一個家庭的「受害者」，同時她也是一個有能力在惡劣環境中，讓自己長大的巨人。

她是「壓不死的玫瑰」。這個隱喻，是當年她在私塾說故事時，我看見並送給她的隱喻。

透過這些脈絡性的理解，確實大大「解構」了她對自己的負向信念，也讓她大大地鬆了一口氣。但是，這離真正的療癒，其實還有一段距離。

寫完論文，畢業後，她順利考上心理師。

半年後我再邀請她回來說故事（故事是必須反覆敘說的），分享自己書寫論文的歷程與經驗。然後她告訴我們：寫完故事的那一刻，整個人都鬆掉了，她幾乎癱在椅子上，爬不起來，後來整整睡了三天。

她說：當長期壓抑的內在羞愧、怨恨被清理出來後，確實讓她感到輕鬆，但不久後，卻也有一種「空」的感覺。

空？我請她多說一點，什麼是空的感覺？

她的眼神緩緩地飄向天空，說：「雖然透過故事敘說，我認回了小時候被家暴的自己，同時透過脈絡性的理解，我明白了我的父母會這樣對待我，其實也有他們的苦衷與難處，我知道他們本身是匱乏的，他們也缺乏愛，這樣的理解，雖然有讓我好過一點，讓我不再自責或羞愧，但是，我也必須誠實說，幾個月後，我內心卻出現另一個聲音：『為什麼是我？』為什麼是我遇到這種父母？為什麼別人的父母都可以比較正常？為什麼？」

喔，原來這就是她所謂的「空」。

這個空，不是真的空，其實是對生命的發生依舊存在著許多疑惑與不解，裡面有一種「無語問蒼天」的無奈。

老實說，我可以理解這種感覺，因為自己也曾有過這種怨嘆，抱怨過：「為什麼我要有這種母親？」

然後，我漸漸明白了，為什麼這幾年我的敘事，會走向「靈性」療癒的原因了。

其實，生命不是一種理性的運作，有些事是沒道理的，它就是這樣。生命的發生，是你無法用理智去理解、控制的。**對生命，有時我們只能「接受、臣服」，這是唯一的療癒之道。這幾年的靈性修練，讓我明白這件事。**

沒有人的人生是百分之百順遂的，生命總是充滿意外、充滿變數。上個月一位做家族排列的朋友因罹患大腸癌剛剛走掉，兩年前他還來上過我的課，那時他還好好的呀。有人好端端地走在路上，卻莫名其妙地被路人拿刀砍殺；還有人一向遵守交通規則，卻在上班的路上，被喝醉酒的駕駛給撞死。這樣的意外每天在新聞裡播放，你應該一點都不陌生。發生這種事，你怎麼說？

這幾年我經常在想：雖然我有一個讓我過得辛苦的母親，但是比我更慘的還很多（雖然故事是無法比較的）。我的朋友與學員中，還有更多人小時候被家暴、被性侵，甚至從小無父無母、寄人籬下，過著有一餐、沒一餐的生活，這種故事比比皆是。請問，他們為什麼那麼倒楣，出生在這樣的家庭？有這種父母呢？你怎麼解釋？

於是，我想起《與神對話》（*Conversations with God: An Uncommon Dialogue*）這本書裡的一段話：

沒有巧合，

也沒有什麼事是因意外而發生的，

每件事和每件冒險，
都是你的靈魂招來你自己身邊的，
以使你能創造並經驗你真的是誰。

老實說，如果不透過這樣靈性的理解，有時候，我們還真難從不完美的家庭、從不堪的童年創傷中「走出來」。

敘事，可以幫助我們從社會文化的角度，理解我們的遭遇與苦難，讓我們產生多元的觀點，並對事件有新的詮釋與意義，從中看見人的動能與力量。這是敘事對人的療癒與貢獻。但我也發現：**對有些人而言，光是這樣解構還不夠，那個創傷，還在、還會痛。**

於是，我們必需加入一種超越理性的「靈性觀點」。

這種觀點，超越頭腦、超越理性的認知，它給出一種生命框框以外的看見。在靈性的看見裡，讓我們對生命的苦難產生新的洞見：原來，這一切，都是我們靈魂的選擇。因為這個明瞭，於是給出一種接納、放下、安定，於是我們才能「放過自己」，不要再鑽牛角尖。

在靈性的觀點裡，它會告訴你：我們的靈魂在投胎前，早已經決定了我要選擇怎樣的父母、怎樣的家庭，及我今生所要發生的事。這個「藍圖」是我們自己老早規劃好的。

但為什麼我的靈魂要做這種選擇？要讓自己受這種苦呢？

嗯，好問題。

如果你去閱讀靈性書籍，它會告訴你：**因為我們需要去「經驗」這件事，並在這樣的經驗中，「學習」一件人生功課。這是我們來到此生的目的。**

以我而言，說完母親故事，並在這些年的靈性修練裡，我似乎明白了：我的靈魂之所以選擇這樣的母親，是因為我需要去學習「包容」、學習「愛」這件事。

老實說，如果沒有這樣的母親與童年的匱乏經驗，我絕對無法成為可以如此深深同理他人的心理諮商師。聆聽故事，我很容易進入別人的苦難裡並感同身受，因為，裡面也有我經驗過的苦。

生命因為不完美，反而叫我們得以靠近彼此。也因為經歷過這樣不完美的家庭及不完美的童年，於是叫我更認識生命，同時，也讓我在面對每個不完美的生命時，長出多一點的包容與慈悲心。

活到中年，我漸漸明白一件事：**原來人生走這一遭，我們不是來「擁有」什麼，只是來「經驗」什麼。在所有的經驗中，我們唯一想要擁有的，只有愛；而唯一需要學習的，也是愛。**

3. 不要背叛你的孩子

當我們把冷靜自持和控制，看得比容許自己釋放熱情、耍寶搞笑、流露真心、表達真實的自己還重要時，就等於背叛了自己。

當我們一再背叛自己，我們也會背叛所愛的人。

——布芮尼・布朗

母親節過後，一位新個案小玉（化名）來找我諮商。她會找到我是因為看到我部落格寫的文章〈認回不完美的母親〉（收錄於本書第二章）。她很有共鳴，同時也被裡面的故事給震撼，因為她也有一個不完美的母親。

第一次晤談裡，她跟我說了許多故事，關於她從小被母親忽略、打罵、羞辱等精神虐待的故事。回顧傷心往事，讓她很傷心，邊說邊哭。

那次晤談結束，除了我的書外，我還介紹她看一本四月剛出版的新書《不完美的禮物》給她參考。接納自己的不完美、並接納自己有一個不完美的母親，是療癒的第一步。

下週當小玉再度出現時，她一坐下來馬上就迫不及待想跟我分享閱讀的心得。

她告訴我，那天回去她就買書了。上個禮拜，兩本書讓她邊看邊哭，裡面很多故事都很觸動她。「尤其當我看到《不完美的禮物》作者講的最後一個故事時，我當場就放聲大哭了。」她說。

我很好奇是什麼故事觸動到她，便請她詳細說明。

「就是作者布朗寫說，有一天她帶著八歲的女兒逛百貨公司買鞋子，結果當時賣鞋子的專櫃正放了一首流行歌曲，她的女兒竟然當場跳起舞來（她女兒是一個肢體很自由的孩子）。就在那時，專櫃旁邊剛好有三個貴婦同時也帶著孩子來買鞋子，大家全盯著她女兒跳奇怪的機器人舞。作者注意到旁邊的人的表情，不是欣賞，反而是為她的女兒感到難為情。當時她也超尷尬的。

當貴婦旁邊的小女生正交頭接耳，可能在說些取笑她女兒的話時，她女兒頓時不知所措，身體僵住，突然停了下來，看著作者，眼神彷彿在問：『媽咪，我接下來怎麼辦？』

沒想到，作者看著女兒說：『妳可以把稻草人的動作加進去呀！』於是，女兒繼續開心地跳她的舞，從那一刻起，作者的視線就不曾離開女兒身上，她在一旁欣賞著女兒的即興表演。

作者說，她不想『背叛』她的女兒，她選擇站在女兒這邊。當我看到這裡時，就放聲大哭了。」

嗯，是有這個故事，我記起來了。

書上還寫著：在第一時間，看到別人對自己的女兒指指點點、議論紛紛時，作者自己也超尷尬的，她說，要是在以前，她絕對會用力瞪女兒一眼，說：「拜託妳，別那麼誇張好嗎？」但她知道，如果她這麼做，等於是「背叛女兒、拯救自己」。她在書上說：「感謝上帝，當時我不是如此反應。」

因為布朗這幾年專注於「羞愧」議題研究，所以她深知羞愧會在什麼情況出現，打擊自己與他人。**羞愧源自於「不完美」**。我們的文化是要我們完美的，當我們無法符合這個標準、當我們不完美時，羞愧立即上身。

為了要完美，我們把自己「限制」在一個框框裡，冷靜、自我控制、怕出錯。作者在書上說：「**當我們把冷靜自持和控制，看得比容許自己釋放熱情、耍寶搞笑、流露真心、表達真實的自己還重要時，就等於背叛了自己。當我們一再背叛自己，我們也會背叛所愛的人。**」唉，說得真好。

回到小玉身上，我感謝她分享這個好故事給我，接著，我問她：「我可以知道為什麼這個故事那麼觸動妳，讓妳大哭嗎？」

小玉告訴我，從小到大，她很少經驗到父母是「站在她這一邊」、支持她的，甚至，她經驗到的，幾乎都是父母的「背叛」。

她舉例：小學有一次她跟同學在教室裡吵架，被老師看見了，老師把她叫到辦公室，二話不說就指責她，說她態度不好，不該那麼大聲，要她跟同學道歉。其實當時是同學先欺負她、偷拿她的鉛筆，老師的指責讓她覺得很委屈。回家後，她跟爸爸訴說心裡的委屈，沒想到爸爸卻說：「跟同學吵架、被老師罵這麼丟臉的事，妳還敢說！」當場，她感覺好像被重重甩了一個耳光。心，很痛。

「父親背叛了我，」她說：「**父親的背叛遠比起被同學欺負、被老師冤枉的痛還要痛，還要叫人傷心。**」

不只如此，母親也是。小玉又舉例。

國中時有一次在餐廳吃飯，那次聚餐是跟姑媽、姑丈、堂哥、堂姊一堆親戚朋友吃飯，大家開心地邊吃邊聊天，吃到一半，聊到孩子的功課，媽媽突然在眾人面前對著小玉說：「妳看堂哥、堂姊多厲害，他們都考上建中、北一女，哪像妳這麼笨又不用功，我看妳能考上景美女中就偷笑了。」

小玉說她當場恨不得有個地洞可以馬上鑽進去，當下她羞愧到臉紅，飯也吃不下了。這就是母親的背叛。

小玉繼續補充：「從小到大，不管我做什麼、說什麼都不對，母親很少肯定我。以前我最常經驗到的是：在餐桌上，我講話講到一半，媽媽就會從餐桌底下，狠狠地踢我一腳制止我，要我別說了。每次被踢，我都很受驚嚇，我終於知道為什麼我一直害怕犯錯、一直沒有安全感的原因了。」

呀，多麼痛的領悟啊。

很多父母可能都不知道：孩子的心很脆弱，孩子的心是玻璃做的，很容易碎的。所有的孩子都對父母有一個理想的期待（我們會過度美化父母），期待被呵護、被接納。於是，只要經驗到父母惡意、不友善的對待，孩子就立刻感到受傷、感覺被背叛。這是很真實的感受。而且，更要命的是，這個受傷的感覺，會一直「過不去」，停留在記憶裡，一輩子不散，除非你回頭，把當時羞愧的自己給解救出來。

說這些故事，是因為很多的父母可能會「無心」地傷了自己的孩子而不自知。我知道你不是故意的，但父母的一句話、一個動作，在孩子眼裡，都會被放大解讀。孩子是很敏感的，請小心你的語言，我常跟很多父母這麼說。

其實，我們都不完美。如果你曾不小心傷過孩子，讓他們受傷、流淚、感覺被背叛，請二話不說地，立刻向他們道歉吧。一聲「對不起、請原諒我」，孩子身上的傷，馬上獲得撫平。

如果，你還是說不出口（愛面子），也沒關係，那麼，起碼在心裡默唸《零極限》中的這四句話吧：「我愛你、謝謝你、對不起、請原諒我。」

小小的道歉或補償，對孩子意義非凡，因為裡面是愛，愛就是療癒。

畢竟，孩子比面子還要重要，不是嗎？

4. 超渡童年的傷痛

被背叛的撕裂與受傷的心靈，
需要一種超渡的歷程，才得以漸漸撫平傷痛，
這是一種「非頭腦」的靈性柔性療癒。

上一篇文章〈不要背叛你的孩子〉，一放在臉書與部落格裡，果然又被瘋狂轉載分享。這幾天回應如雪花一般，叫我十分訝異。為什麼大家對這個故事如此有共鳴？難道，我們都曾有被父母背叛的經驗？是的，沒錯。

當晚，一位朋友寫信告訴我，看完這篇故事以後，她才更加明瞭：原來她從父母得到的傷害，不只是被忽略，而是自己被父母「背叛」了。有了這個明白，不知道為什麼，反而讓她鬆一口氣。

此外，還有人跟我分享更深的背叛故事，叫我看得心驚又心疼。

一位參加私塾的朋友說：從小她的身心就不斷遭受暴力的攻擊，讓她有一個灰色的童年（不，黑色的，後來她更正），那段不堪的歲月，叫她痛不欲生，甚至曾經想

自殺。

她的故事是你在電視連續劇裡，才會看到的。從小，她有一個酗酒的父親，每次父親喝完酒，就開始發脾氣、亂罵人，甚至經常半夜把所有的孩子都叫起床，到客廳罰跪。如果不從，就是一頓毒打。到現在，她依然經常半夜作惡夢、驚醒，小時候的驚恐蔓延到身體每個細胞，讓她至今無法安穩度日。

父親沒工作，母親必須擔負起養家的重任，兼好幾份差，每天像陀螺一樣轉不停。母親經常不在家，她必須把時間與精力都耗在賺錢養家上，跟本就無暇照顧她與弟妹。因此，她不但得不到父母的照顧，反而被迫扮演弟妹的「父母」，去照顧弟妹。每次弟妹要是出了差錯，或家事沒做好，她不是被罵就是被打。雙重的家暴，讓她痛苦萬分。

這還不打緊，更慘的是：她被強暴了。

上高中那一年，有一天父親跟一位朋友在家喝酒喝到很晚，最後父親喝得爛醉如泥、不省人事，那個叔叔就趁機跑到房間非禮她，事後還警告她不能說。於是，那一年她的人生從灰色變黑色。她整個人突然「當機」，每天過得渾渾噩噩、完全失去動力。

那段期間她不但功課退步，做家事也經常出錯，一天到晚被母親痛罵。有一天，她受不了、情緒崩潰，對著母親大吼：「妳一天到晚不在家，我被欺負了妳都不知道！」然後，她放聲大哭，把自己被強暴的事說出來。

母親的反應呢？

好，這才是重點。母親不但沒有安慰她，還跟她說這種事絕對不能說出去，不然很丟臉。崩潰！這就是母親的背叛。

然後，當天晚上，她在房門外偷聽見母親跟父親說自己被強暴的事，結果，她竟然聽到父親說：「既然都這樣了，要不要就叫她不要唸書了，去酒店上班，賺的錢比較多。」世紀大崩潰！父親的背叛，就像一把利刃，深深刺進她的心。

絕望！在父母雙重的背叛下，她深受打擊。

我想要是一般人一定活不下去了（怪不得她一直想自殺），但她還是讓自己活下來了。真不容易啊！

還好父母親算有良知，沒有真的逼她去酒店上班。但她心裡十分清楚地知道：這個家，沒有人可以保護她，也沒有人是真心愛她的，不值得眷戀。她必須走。

於是，高中一畢業，她就以幫忙家裡賺錢為理由，一個人跑到台北工作，其實她心裡知道，真正的目的，是想逃離這個讓她傷心欲絕的家。

離家，一晃三十年過去，如今她事業有成，也已經成為別人的母親，但她從來沒有一天快樂過。那個傷，還很痛。

童年那段記憶，是她一輩子的傷痛。**現在的她，想要為自己「挺身而出」，她說：父母背叛了她，但她不想背叛自己。**

為了療癒自己，認回過去那個被家暴、被強暴的受傷小女孩，這幾年她開始尋求心理諮商。去年，逛到我的部落格看到我舉辦的「內在小孩」敘事靈性療癒工作坊訊息，她毫不考慮立刻報名參加，後來又加入私塾繼續說故事。她下定了決心，就是要把那個傷痕累累的內在小孩給拯救回來。

哇，我好佩服她的生命韌性與力量，我想要是一般人早放棄了，但是她始終都沒放棄過自己。有一次我問她：「妳知道嗎？我見過很多跟妳有同樣經驗的人，童年不是被家暴、就是被性侵，後來有些人會覺得自己的生命很沒價值，於是放棄自己的人生，不是跑去跟亂七八糟的男人鬼混，不然就是真的去賣淫，但是妳卻跑去做女工、踏踏實實地過生活、到現在自己開一間公司，妳是怎麼辦到的？」

被我這麼一問，她淚水直流。我知道，那是一種自我疼惜的眼淚。

不久後，她緩緩道：「我也不知道，我只是不斷地告訴自己，別人看不起我沒關係，但我不能看不起自己。」此話一出，我的眼眶也紅了。

這一年來，在私塾裡，她不斷地說故事，把自己不堪的童年通通給認回來。「妳真是他媽的勇敢！」我心裡真想這樣告訴她。還記得布朗博士在《不完美的禮物》書裡的那段話嗎？「**揭露自己的故事，並且在過程中愛自己，會是我們所行之事中，最勇敢的一件事。**」是的，沒錯。

這幾年帶工作坊或私塾，很多女性朋友都告訴我，生命中經歷過最大的不堪與背叛就是：在小時候曾經被長輩或陌生人性侵或性騷擾後，父母的反應不是否認（「妳不要亂講」），不然就是反過來斥責子女（「一定是妳自己不撿點，先去勾引男人」），就算是不否認、也不指責，很多父母為了愛面子，也會要女兒閉嘴，千萬別張揚出去。不管是以上哪一種情況，對當事人而言，都是一種背叛、都是深深的傷害。

這樣的創傷，需要被療癒、被超渡。在工作坊及私塾裡，透過各種敘事與靈性作為，我就是在「超渡」內在那個受傷的靈魂。

我通常會邀請人們說故事，讓故事以一種溫柔的方式被聆聽、被接納、被同理。在大家的故事裡，我們得到共鳴與支持：「原來我不是唯一有這種經驗的人。」這樣的共鳴，讓生命因此不再孤單，也不再視自己為一個大怪物。

接著，我們會寫信給父母或給曾經傷害過我們的人，把過去沒有機會說出或來不及訴說、關於我們所遭受的傷痛委屈，通通寫出來，認了它。

寫完後，還要唸出來（朗讀），然後，再把信當場燒掉。這是一個充滿靈性療癒歷程。

很多人經驗了這個療癒歷程以後，那張臉，馬上變得柔和、身體馬上變得輕盈，過去在心裡緊緊抓住的東西，鬆了、也消融了。

寫出來、唸出來、說出來，讓我們內在積壓的負向能量獲得大大釋放。把信燒掉，透過火的「淨化」儀式，讓我們把負向能量清理乾淨，同時，那一刻也是我們與宇宙正向能量連結的時刻。

最後，再透過與內在神性大我（或指導靈）的連結，我指導大家寫一封信給自己的內在小孩，表達我們對它的愛與疼惜，於是，當下我們就擁抱了那個受傷的小孩，把它從黑暗的地窖裡拯救出來。

經歷了整個歷程，有些人可以一次就得到療癒，但有些人需要多次，畢竟，療癒沒有捷徑，療傷是需要「分期付款」的。我經常這麼說。

對待生命，我們需要有耐心。接納自己、自我療癒，是需要時間的，急不得。

在進行內在小孩的療癒工作時，我喜歡用「超渡」這兩個字來取代「治療」。「超渡」，是我們文化的語言，裡面有著濃濃的東方禪味。尤其「渡」這個字，請想像一下：河中一艘扁舟，從此端到彼端，緩慢、穩定、柔和又堅定地前進，過程中不躁進、不刻意、不批判，那就是一種對待生命的方式，同時也是故事療癒的歷程。

被背叛的撕裂、受傷的心靈，需要這種超渡的歷程，才得以漸漸撫平傷痛，這就是一種「非頭腦」的靈性柔性療癒。

5. 被背叛的痛，不只如此

寬恕從來不是頭腦的東西。
寬恕是一種「內在」的發生，
當寬恕變成「應然」時，它反而變成另一隻壓迫你的怪獸。

前面分享了我們童年被父母背叛的經驗，竟然意外地引出許多朋友的不堪往事。我很驚訝：原來，我們都有一個受傷的童年。

回想這幾年，在我的個案中，女性朋友經驗到的背叛其實比男性多，仔細思索，或許，這跟傳統「重男輕女」的文化有關。就像上一篇的故事裡，當女兒被強暴了，父親不但不疼惜，竟然還要女兒乾脆去酒店上班算了，這種對生命的藐視與不尊重，絕對跟性別意識有關。

我的母親從小學二年級就被迫輟學去賣菜養家，她的哥哥卻可以一路唸到師專，她為家庭犧牲奉獻，但得到的資源卻是最少，那個年代對女性的物化與剝削，令人咋舌。

所有的孩子，其實都以父母為「天」。我們把父母完美化、理想化，父母是我們的重要他人。天，高高在上，理應提供遮蔽保護。天，理應是有求必應、給我們依靠的。但如果有一天，我們發現：天竟然靠不住、天是偏心的，那就是一種背叛，孩子的世界，於是「崩裂」。

你知道嗎？從小我們被教導要乖巧、順從，那是一種對父母的忠誠。小小的我會以為：當我們對父母忠誠了，也會得到相對的回報才是。但是，有一天，當我發現：原來自己不是父母的最愛或「唯一」，於是，心就受傷了。背叛的感覺就是這樣來的。

除了上一篇所講到的，女性最大的背叛是被強暴了，卻得不到父母的撫慰、甚至被忽略指責。但除此之外，其實孩子所經驗到的背叛與傷痛，不只如此。

一位朋友告訴我，小時候有一次媽媽帶她去市場買菜，當時菜市場人多，結果，一轉身，媽媽不見了，把她嚇得驚慌大哭，當時，她覺得被媽媽拋棄了。這就是一種背叛。她在心裡埋怨：媽媽妳怎麼沒有把我照顧好？

另一位案主告訴我，小時候有一次媽媽帶著她與弟弟去看電影，到了電影院，因為家貧，媽媽不想買票，但當時一個大人只能帶一位小朋友免費進去看電影，於是，媽媽就選擇帶弟弟進去，然後跟她說：「妳自己回家去吧。」母親的重男輕女，讓案主很受傷，她說後來她哭著跑回家，然後躺在床上，抱著棉被痛哭了一整晚。這是一個難忘的背叛。

另一位私塾伙伴跟大家說，小時候有一次她跟妹妹一起玩，她們搶著一個洋娃娃，搶到一半，她想：「我還是讓妹妹好了。」於是她突然鬆手，卻讓妹妹當場跌倒、頭撞到牆壁。剛好爸爸在一旁聽到妹妹哭了，二話不說地衝過去把她抱起來，往沙發裡一丟，她被撞得頭暈眼花、痛到大哭。

不久，媽媽從廚房跑出來，看到底發生了什麼事？爸爸很生氣地對媽媽說：「這孩子很壞心，欺負妹妹。」然後，媽媽並沒有過去安慰她、也沒有聽她解釋，什麼都沒說，直接轉頭進廚房。「當時媽媽沒有幫我說話，讓我很傷心，我感覺被背叛了。」她說。

另一種背叛是父親的外遇。

一位朋友說，從小她跟父親感情最好，父親經常帶著她到處走動，找朋友、旅行，那是她一生中最美好的回憶。但好景不長，小學六年級那一年，父親有了外遇，他經常去找一位阿姨，從此就很少回家。

父親的外遇造成家庭的破碎，爸爸背叛了這個家。父親外遇這件事，也嚴重地破壞了父親在朋友心中「完美父親」的形象，這也是背叛。父親的背叛叫朋友很生氣、很憤怒，後來她決定不再理會父親。幾年後，有一天她突然接到父親意外過世的消

6. 原諒自己不能原諒

一切都必須是自動發生的，
如果你試著寬恕，就變成了頭腦的遊戲，
而你，是無法從頭腦裡去做到寬恕的。

——巴觀

「志建，你說『療癒最終都要走向寬恕』，卻又說『不要輕言寬恕』，這不是前後矛盾嗎？」有一天，學員K這樣問我。

好，寬恕這件事是個大學問，請讓我好好說一說。

我承認，寬恕是一種美德，對於很快能夠寬恕他人的人我很佩服。但是，如果把寬恕當作像公民與道德那樣的規條來實踐，恐怕就有問題。

此時，寬恕會變成一種「應然」，變成一種頭腦的運作。一旦這件事變成理性的應然，而當事人做不到時，就會產生罪惡感。然後，之前被傷害的「憤怒」，加上現在無法寬恕原諒別人的「罪惡感」，這兩個東西攪和在一起，在心裡「鬼打牆」（打架、衝突），如此，你怎麼可能會有好日子過呢？

有一種個案我最常見：從小被父母家暴傷害了，內心傷痕累累，但外在的道德卻告誡他（她）「天下無不是的父母」，父母是不會錯的（那一定就是我的錯囉？）。縱使父母有錯，我們也「應該」原諒父母，因為父母已經夠辛苦了。你聽過這種說法嗎？相信大家一定不陌生。當你也是這麼想時，自然就會忽略自己受傷的感覺與事實，你會把內在的憤怒壓抑到某個黑洞裡。如此，反而叫人更傷。

不信的話，我再舉個例子給你聽。

曾有一位個案，她也是因為憂鬱症來找我的，曾有多次自殺經驗。跟我談了幾次之後，我才明白她罹患憂鬱症的原因。她小時候曾經被家裡的長輩性侵過，後來父母知道了，雖然同情她，卻很無奈，礙於面子，「家醜不可外揚」，於是叫她閉嘴，千萬別張揚出去。

後來，母親甚至帶她去教會信上帝，結果更慘。因為教會的牧師為了幫助她不要難過，努力地要她去寬恕別人，還引用聖經的話：「我們要寬恕我們的敵人。」希望她可以「忘掉」這件事。

結果呢，忘得了嗎？告訴你，不可能的。

「情緒過不去，理性就出不來」，請切記。

生命從來就不是一個理性的運作，如果「妄想」透過理性的教誨及道德的認知去寬恕一個人，忘掉自己內心的傷，根本是徒勞無功。相信我。

而且當你如此做，還會出現一個危險性。

如前面所說，當寬恕變成一種教條、理性的運作時，我們的情緒、憤怒就得被壓抑。然而，憤怒是一種很有power的能量，你壓抑它時，它不會不見，它會躲藏在你的身心每個細胞裡，找機會攻擊你。人會活得不快樂、生病，其實都跟壓抑情緒有關。因為，情緒需要被抒發，憤怒需要有一個出口。

如果它不是從身體找出口，就是讓你心理生病。你聽過有一種關於罹患癌症的說法嗎？人會得腫瘤，跟情緒壓抑有關，尤其是憤怒、悲傷的情緒。這就是身體的出口。

我的個案當中很多人罹患憂鬱症，大多是因為情緒的壓抑。治療方式無他，就是面對情緒，當你否認情緒，其實也在否認自己的存在。隔離情緒，也同時隔絕了我們與自己的連結，甚至與他人的連結，於是，人活得茫然空洞、缺乏動力。

關閉情緒，等於把自己囚禁在一座黑牢裡，不見天日。唯一的救贖之道是：打開天牢，讓情緒「重見天日」。

認回自己的受傷、認回自己的情緒，永遠是療癒的第一步。

所以，我絕對不會一開始就跟我的案主說：「你要去寬恕傷害你的人。」不，請你不要急著寬恕。反過來，如果案主內心充滿怨恨時，我會鼓勵他把怨恨、受傷的感覺毫不保留地說出來。

不急著原諒，做不到原諒也沒關係，請你先原諒自己「不能原諒」。一切寬恕，從自己開始。

不管是我自己的親身經驗或是我從案主身上學到的寶貴教訓，都讓我知道一件事：**寬恕這件事，是需要時間的，它是一個歷程，它不是一蹴可幾的。生命是一種「緩抵達」，切記。**

不管是學習寬恕或慈悲都一樣，急不得。生命不是一種從A到B之間的直線運作，它不像搭高鐵，咻一下子，就從台北到高雄，別傻了，生命不是這樣的。

到了中年，越是年長，越是明白到：生命是一種迂迴、無秩序、無法控制的流動。它絕對不是理性的運作。也因此，對待生命我們只能更加耐心、禮敬、謙卑，回到每個當下裡去覺知、去感受。然後，覺知到什麼，就是什麼。不否認、不抗拒。**當生命不再是「應然」，而是回歸它「本然」的真面目時，生命就有了轉寰的餘地，生命就有了出口。**

如同靈性大師巴觀（Sri Bhagavan）所說的：寬恕絕對不是一個認知的積極作為，

當你說：「我要寬恕。」時，這就是一種積極做為。他在《覺醒時刻：巴觀的合一祝福》（*Time to Awaken*）一書裡提醒我們：「**一切都必須是自動發生的，如果你試著寬恕，就變成了頭腦的遊戲，而你是無法從頭腦裡去做到寬恕的。**」

是的。那要如何才能寬恕呢？

巴觀教誨他的門徒：「如果有人傷害你，讓你感到痛苦，那就與痛苦在一起。奇妙的是，如果你與痛苦同在，它本身就會轉化，當痛苦轉化時，你就會寬恕。此時，不是你寬恕了，而是因為傷痛消失了，所以寬恕是自動發生。」

以上巴觀的觀點，剛好就是我的親身經驗。在我私塾或工作坊的「故事療癒」裡，你走的，也是這個歷程。

什麼叫做「與痛苦同在」？在敘事裡，會邀請你說故事、寫出來，不逃避、不否認，去面對它，這就是「與它同在」。**經驗傷痛，才得以轉化傷痛；與痛苦同在，才能超越痛苦。**請給痛苦一點時間，待在那裡，不要急著逃開，時間到了，自然「轉化」，療癒就會發生。

療癒是在「經驗」當中，自然產生的事。這是我做故事療癒的經驗。

如果，我們可以先不急著尋找寬恕的大門，願意先進入受傷的內心世界，撬開情緒的窗口，進入傷痛裡面，或許，這才是真正通往寬恕大門之道。

但我們的文化、宗教，不是這樣教我們的。宗教把寬恕當作一種道德規範，硬生生地叫你「吞進去」、要你去「寬恕敵人」，這種理性的積極作為，反而會叫我們再次受傷。

當你跳過了「情緒」，砍斷情緒，情緒被壓抑到潛意識時，它就開始作怪。憤怒是一隻巨大的怪獸，它很有能量的。如同前面所說，你忽略它、壓抑它，它就會在你身心裡找出口，讓你生病。

寬恕是無法從理性的認知裡獲得的。不然，難道你不知道：唯有寬恕他人，我們才能從憤怒的痛苦中解脫嗎？難道你不知道：如果不寬恕，我們就把對方掛在心上，折磨自己，叫自己受苦嗎？不，這些道理我們都知道，但就是做不到。不是嗎？我們做不到，是因為寬恕不是頭腦裡的東西，它不是「應然」，更不是靠意志力就能辦到的。寬恕是一種「內在」的自然發生，它需要時間，療傷止痛是需要「分期付款」的，記住。

有一天，當你故事說夠了、說透了，療癒便自動發生，寬恕也自動發生。到那時候，**寬恕「就像燃燒的木頭一樣，它會成為一縷煙般消失了。」**這是巴觀給出的隱喻，我喜歡這個隱喻。我自己就是這樣經歷的。

我絕對同意：**寬恕是最終的救贖之道。但是，在寬恕別人之前，請你記得先做一件事：就是「寬恕自己」**。

如果你現在還做不到寬恕，還無法原諒那個傷害你的人，那就請你「原諒自己不能原諒」，好嗎？請對自己寬容一點，慈悲一點，因為，你不能給別人你身上沒有的東西。

7.認回被背叛的感覺

如果沒有認回自己所有的情緒，
你就進入不了童年那個被背叛的傷害裡。
否認情緒，同時也就否認傷痛，
否認傷痛，你就無法去療癒自己的傷。

最近寫了幾篇跟背叛、寬恕有關的文章，引發讀者的熱烈迴響與反思，我一點都不意外。因為生命裡，少有人沒有經驗到「背叛」這件事，不管是背叛人或是被背叛。

被背叛的人，心很受傷；背叛他人的人，心裡充滿罪惡感。不管是哪一種人，日子都不好過。所以，我很高興能把這件事講清楚一點，讓我們可以藉機認回所有跟背叛有關的情緒與自己。

自從〈不要背叛你的孩子〉一文放在部落格分享以後，就被瘋狂轉載，幾個禮拜內，我就收到來自各方陌生朋友的來信，有多人勇敢地告訴我關於自己被背叛的故事。於是我才知道，原來背叛這件事是如此普遍、也如此傷人。

一位朋友（就是前一篇的例子）告訴我，看了文章以後，才知道自己原來童年的傷，不是光被父母忽略而已，而是來自父母的背叛。她說小時候曾被長輩性騷擾，但母親要她不能說出去，這叫她痛苦萬分。自從她讀了我的文章之後，把那個「被背叛的自己」給認回來時，心裡突然「鬆了一口氣」。

那個「鬆了一口氣」是什麼意思？我十分好奇。

為什麼知道自己小時候的傷是來自父母的背叛，這件事這麼重要？又為什麼知道以後，會叫人鬆一口氣？

後來，訪問當事人之後，我才明白，原來，小時候的我們經常在生父母的氣，可是又不知道自己在氣什麼，甚至有時候，我們更會生氣自己生氣，「我怎麼可以生父母的氣」，這些怒氣糾纏在一起，讓人活得很衝突、很受苦。

「現在，當我知道自己為什麼生氣（原來是母親背叛我），而且當我知道我有權利生氣時，我大大鬆一口氣了。」她解釋。喔，原來如此，明白了。

但要認回小時候被父母背叛這件事，著實不易，我們不想承認，因為我們想要保有一個完美的父母。但如果不認回來，情緒就永遠過不去，你的傷也永遠好不了。怎麼說呢？讓我說個故事。

有一位唸研究所的學生，她的論文就是寫自我敘說，寫自己的故事，她想認回自己童年的失落經驗。這幾年，斷斷續續地寫，她寫得很辛苦，直到最近要口試，才勉強完成。

口試前，她讓我看她的文本，剛好裡面就寫到跟父親的關係斷裂，這是一種「失落」沒錯。從小，母親就為了家計忙著出外賺錢，於是她跟母親的關係很疏離；父親喜歡喝酒、沒有固定工作，到處打零工，在家裡的時間比較多，於是父親跟她關係比較靠近，她從父親這邊，彌補了從小跟母親關係的親密失落。

從小，她就是父親的小跟班、小幫手，父親想喝酒，都會叫她去買酒，父親喝醉了大小聲，家裡也只有她可以安撫父親、讓父親乖乖回房睡覺、不再胡鬧。

她很樂於當父親的小幫手，如此不但可以親近父親，更可以得到父親的讚美與認同。當然，骨子裡其實是想要用這種方式，得到父親的愛。

在家裡，所有人都跟父親很疏離，包括母親在內，只有她跟父親最靠近，也最得父親寵愛，這件事讓她很得意。

但是，好景不長，上了國中以後，父親有了外遇，跟她的關係也漸漸疏離。後來，父親搬出去住，跟家人關係更加斷裂，讓家裡每個人都很受傷，然而，受傷最重的，除了母親，就是她了。

於是，後來當父親再來找她、打電話給她，她通通拒絕，不接。潛意識裡，那是一種對父親背叛自己的懲罰。

但懲罰父親絕對不會讓她更快樂，只會讓她陷入更深的痛苦深淵裡。因為，這樣的懲罰，一方面讓她覺得自己很不孝，另一方面，只是又把父親推開、離自己更遠，讓自己與父親的關係更加斷裂，但這不是她要的。

幾年後父親因癌症過世，於是她陷入更深的自責、罪惡感與憂鬱。

那時父親住院，她並沒有去醫院探望，因為心裡還是沒有辦法原諒父親。但不能跟父親好好道別、好好說出自己生他的氣，這個「**未盡事宜**」，卻也造成她日後不斷自責、生活容易焦慮、害怕聽到任何跟死亡有關的訊息。

我看她的論文，寫她跟父親的關係，我看見有一個她是如此深愛父親，但也有一個她，卻是如此怨恨父親。父親的外遇，其實是一種深深的「背叛」。但可惜，在她的論文裡，並沒有認出這個背叛、認回當初被背叛的自己。

在她的論文裡，寫到父親外遇這件事時，寫得很淡，輕描淡寫，最後只說：我要接受自己是可以生父親的氣的。我一看就知道，這還是停留在「頭腦」裡的認知，不是發自內心的。內在其實還有一塊「東西」，她依然迴避、否認，這我當然要尊重，但我也很老實地告訴她，她並沒有把當年對父親外遇的憤怒與傷害做真實的呈現，她還沒認回來，這是事實。

壓抑憤怒、不敢生氣，也讓她這幾年出現很多身心症狀，包括情緒起伏大、經常「當機」沒有動力，甚至前幾年去做身體檢查，還發現有囊腫。

我知道：**不能好好地生氣，尤其對父母生氣，這其實跟我們的文化有關。因為文化要我們對父母忠誠、孝順。我們不能背叛自己的父母。**

生氣，就是不乖、不好，這是我們文化給生氣的標籤，不是嗎？沒有父母喜歡生氣的孩子，於是我們得乖乖地、把生氣「吞」回去，隱藏起來，繼續當回「好孩子」，當好孩子父母才會愛我們，不是嗎？

因為不敢背叛父母，不能好好生氣，於是我們就生悶氣，不然就是對其他人亂發脾氣，我們的情緒EQ都很差，但這不能怪我們，因為我們要當「好孩子」。

我請學生好好去面對父親外遇這件事，不要輕易放過那個被背叛的「痛」。

如果，她也認為父親的外遇是一種背叛，那就好好把它認回來吧。如果，被父親背叛讓她感覺很受傷、生氣，那就更要認回來。不然，這個論文的「故事療癒」效果，恐怕只有一半，我老實跟她說。

故事不能只說一半。**如果沒有認回自己所有的情緒，你就進入不了童年那個被背叛的傷害裡。否認情緒，同時也是否認傷害，否認傷痛，你就無法去療癒自己的傷。**這是心理治療的真諦。

請不要輕忽我們受傷的心，也不要小看被背叛的痛，很多人在那個傷痛裡打滾多年，都還走不出來，都只因為，即使父母背叛了我們，但我們還是不想背叛父母，我們期待有一個完美的父母，我們想要當好孩子，可是「好孩子的傷最重！」（這也是一本書的書名）

請相信，天下沒有完美的父母，父母就算再怎麼努力、盡力，依舊還是會讓孩子受傷的。孩子的心是玻璃做的，記得嗎？當我們接受了父母就是不完美，父母讓我受傷後，我們才能認回不完美的自己，並承認有時我們也讓父母受傷。

承認受傷之後，我們才能看見受傷的背後，有一個小孩多麼渴望父母的愛。

承認受傷之後，我們才能好好為自己療傷、好好愛自己。

承認受傷以後，我們跟父母的關係才能回到真實裡去靠近，不然，我們永遠都在相敬如「冰」的表面關係裡虛應。

要「破碎」、才有辦法「重生」。

破碎的方式，就是打破幻相，面對真實，勇敢承認自己擁有不完美的父母、承認自己擁有不完美的人生。當我們可以勇於真實、勇於面對被背叛的傷痛，至少，在那個當下，我們就已經不再「背叛自己」了。

8．承認自己不喜歡母親

當一個人可以如實地說出自己的真實感受，當中，沒有罪惡感、也沒有批判的情緒，只是單純地說出「這就是我的感覺」時，這表示，療癒完成了。

好故事永遠值得流傳。

做敘事治療，我不只聆聽別人說故事，我也十分樂於跟別人分享故事，不管是自己的故事或是我聽來的好故事。

去年賴佩霞寫了一本好書：《回家：賴佩霞20年修行告白》。書裡，她勇敢地認回自己不完美的父親（從小拋棄她）、不完美的母親（從小控制她）、不完美的婚姻（前夫曾經背叛她），**當一個人可以如實地面對不完美的人生與傷痛時，一種生命的覺醒與力量，就在當下，油然而生。**

如果可以把不完美當成自我修練的利器，把生命的痛與傷，當作今生的功課來修行，於是生命就在當下的覺察裡，得以翻新、翻轉。

去年，只要來談的個案有夫妻相處、外遇問題，或跟母親有拉扯、或有一個缺席的父親等議題時，我都會介紹他們看賴佩霞的書。因為，故事本身就充滿了療癒，別人的故事，輕易地把我們帶到生命某一個內在的幽微深處，一個我們不想承認、不敢面對的地方。於是，每當看完書，案主再回來跟我談時，他們講出來的話，都不一樣了。他們變得更有勇氣、更真實。我們的談話，於是可以直接深入，進入生命的核心，不用再迂迴、否認、逃避。

其中，最明顯的例子，莫過於安雅（化名）了。

當初安雅來找我談，是因為剛跟男友分手，沮喪、痛心、不知所措。

交往三年的男友最近被她發現劈腿、有小三，讓她痛不欲生，她決定跟他分手。跟安雅談了幾次以後，我建議她可以閱讀賴佩霞的《回家》，看看裡面有沒有什麼「東西」是可以幫到她的。

幾個禮拜後，當她再次出現我面前時，臉上的神情不一樣了。有別於以往的哀怨，如今在她的臉上，我看見一種放鬆的釋然。內在有個東西鬆了。我知道裡面一定有故事的。

一坐下來，不等我問，她馬上跟我說，看了《回家》以後，她很被觸動、很有感覺，邊看邊哭。從別人的故事裡，她看見了自己，也療癒了自己。

如同賴佩霞從前夫外遇中對自己的看見與領悟，案主也從男友的外遇中，看到自己內在原來充滿了批判、恐懼、掌控與不安全感。最後她說：「男友劈腿我也有責任，是我自己把他往外推的，因為我也是一個充滿批判、難搞的人。」

我很訝異安雅的覺察與改變，現在的她，跟前幾次一直抱怨男友，把自己放在一個受傷、可憐、被背叛的「受害者」角色的她，完全不一樣。

不只如此，安雅對自己有更多的發現。

她發現：自己內在的批判、掌控、不安全感等情緒模式，幾乎跟母親一模一樣。「我幾乎是我母親的翻版。」她驚訝地發現。

然後，她開始說起母親的故事。

原來，她也有一個不完美的家庭。父母的婚姻關係不好，從她有記憶以來，他們就一直爭吵不休。國中時，父親搞外遇、外面有女人，於是母親的情緒更加陷入歇斯底里，每天跟父親爭吵不休。最後，父親乾脆搬出去跟那個女人住，不回家，安雅跟父親的關係，也從此斷裂。

失去丈夫以後，母親每天憤怒、傷心，脾氣變得十分暴躁。母親把對父親的恨，轉移到孩子身上。於是安雅一上大學，就決定離家，她不想每天被母親無情的情緒攻擊，更不想被母親掌控。

跟賴佩霞一樣，她跟母親的關係又愛又恨，十分糾結。對母親，她一直懷著很深的罪惡感，一上大學就離家，讓她覺得自己跟父親一樣，背叛了母親。然而從小到大，她一直很痛恨母親的情緒勒索、對她的掌控，心裡一直批判母親，甚至看不起母親，她曾說：「我要是男人，也會離開她！」但如此批判、討厭母親，卻讓她深深自責，覺得自己很不孝，罪惡感於是加深。

她告訴我：看了賴佩霞的書以後，內心的罪惡感突然得到了釋放，她被解救了。「批評、論斷媽媽讓我好受苦。」賴佩霞書裡的話，讓安雅感覺好被同理。

是的，在書裡，賴佩霞承認自己對母親的批判：「聊起母親在世時，我曾多麼忤逆她、不尊重她、瞧不起她，甚至多不喜歡她。我曾嫌我媽多麼不登大雅之堂，帶不出門，好俗氣，講話粗魯……」。安雅看到這一段時，深有同感。「媽呀，這就是我。原來，不是只有我不喜歡自己的母親、討厭母親。」她說。

然而，帶給安雅最大療癒的，是賴佩霞書裡的這段話。

後來母親過世了，有一天，賴佩霞去給母親上墳，在母親的墳前，她敞開胸懷，跟母親說：「媽，我很不喜歡妳呢，這樣講，我也沒有罪惡感，不好意思啦，我也不知道為什麼會這樣，可是這就是我的感覺啦，不然這樣啦，以後我當妳媽，妳再來忤逆我好了。」

啊，**原來，我們也可以「不喜歡母親」喔。原來，我們也可以這麼誠實地去表達「心裡的話」，而且不需要有罪惡感。**

這真叫安雅大開眼界。

如同賴佩霞說的：「說完這些話，我感覺好輕鬆，感覺我與母親身上受到的制約又放下更多，又更加輕鬆了。我對之前我們兩人的相處方式，又更加釋懷了。」

當一個人可以如實地說出自己的真實感受，當中，沒有罪惡感、也沒有批判的情緒，只是單純地說出「這就是我的感覺」時，這表示，療癒完成了。

真正的親密關係，就是你在這個人面前，不需要再遮遮掩掩，你可以真實地做你自己。

當一個人可以這樣跟母親講心裡的話時，其實，這也表示她跟母親之間，有了真正的親密與真正的連結，不是嗎？

安雅好佩服賴佩霞，也很羨慕她可以走出對母親的罪惡感與糾結。

但奇怪的是，從別人的故事裡，安雅好像也得到了一種「釋放」，內在有個東西也「鬆」了。於是，此刻的她，可以在我面前坦承自己過去的受傷，承認自己不喜歡母親，甚至對當年離家想逃離母親控制這件事，也漸漸感到釋懷了，因為她知道：當年的逃家，其實是她保護自己、愛自己的方式。然後，說到這裡，她突然意識到：父親的外遇，是不是也是一種逃家？是不是他也在保護自己？

故事越說越裡面，覺察也越深。

當我們可以忠於自己的感覺，並承認自己其實並不喜歡母親時，我們就得以統整、不再分裂了。這樣的你，於是自由了。

不然，常常有一個「腦袋的我」會告訴自己：我「應該」喜歡自己的母親（「你怎麼可以不愛自己媽媽？」），另一個「內心的我」卻對母親充滿怨懟，這兩個我，如果一天到晚打架對抗，你怎麼過平靜的生活呢？

我常跟學員說，如果內在有很多的「我」一天到晚拉扯衝突不休，那絕對是很耗費能量的事。這也是現代人活得辛苦、活得很累的原因。

怎麼辦呢？

最好的方式，就是把每一個我通通認回來，看清楚它，才能讓他們停止鬥爭、和諧「共存」。

但這要如何做到呢？

請你「說故事」吧，在故事中承認自己所有的情緒、感受，並把心中的話，好好說出來。然後，你就解脫了。讓故事結束最好的方式，就是「說故事」。

9. 你什麼時候開花，都可以

「你什麼時候開花，都可以。」這是多大的接納呀！如果天下所有的父母都可以早點跟孩子說這句話，我想，孩子的問題至少會少一半。

有一次，我在一本書裡閱讀到這句話：「如果你想解決一個問題，就得在自己身上下功夫。如果問題發生在別人身上，那你就問自己：『是我的內在發生了什麼，讓這個人困擾著我？』」這是《零極限》裡，作者伊賀列卡拉・修・藍博士（Ihaleakala Hew Len, PhD.）的說法。這樣的靈性觀念，我一點也不陌生。

「往內看，回到自己身上去看見，智慧就在其中，療癒也在其中。」是的。

但什麼是「從自己身上下功夫」？這本書給出一種具體的做法，就是「清理」自己內在的負向經驗與情緒。怎麼做呢？很簡單，只要說：「我愛你、謝謝你、對不起、請原諒我」這四句話，就可以清理，就有療癒。

是嗎？一開始，我半信半疑。

但我認真評估過：第一、反正它不花錢，第二、它沒有副作用，唸這四句話，頂多無效嘛，你不會少掉一塊肉，不是嗎？

我是一個要去實踐的人。每次人家說什麼東西好用、好吃，我都相信、也都不相信，除非我自己親自嘗試過、實踐過。

適合別人的，不見得適合你。「沒有唯一的真理」，這種後現代思維的訓練，讓我對一切的真理（道理），保持開放的心，但也保持某種程度的懷疑，除非它變成我的親身經驗。（這就是後現代強調的「實踐的知識」）

於是我實踐了。然後，也有了意想不到的結果。

現在，每次我在跟個案碰面前，都會先靜心，心裡默唸這四句話。

我發現，這樣的靜心禱告，不只創造了我與案主之間心靈的深度連結，更讓我內在充滿平和與柔軟的慈悲。我也發現：我的心比以前平穩許多，或許這跟最近持續的靜心有關吧。

有一天，我跟案主M會談。當天，我特別提前十分鐘進入諮商室，安靜地坐在沙發上，閉目冥想，我學習伊賀列卡拉・修・藍博士的做法，先去「清理」這間諮商室。我對這個空間說：「我愛你、謝謝你、對不起、請原諒我。」並感謝它讓我使用。

就在我做清理時，當下確實感應到空間給我的「回應」。真的很神奇。然後，我突然有一種清明與平和，直覺到：今天會有一個很「不一樣」的會談。

M是一個大學生，因為網路成癮讓他整個生活癱掉，功課跟不上，每學期都被當掉很多科。他跟這個癮奮戰了很多年，時輸時贏，活得很辛苦。

他今天同樣提早抵達，在外面等候。一進諮商室，我就發覺他看起來跟以往不一樣，M的表情平和許多，不像以前那樣神經緊繃、兩眼茫然。

我看著他，輕輕地問：「這禮拜過得如何？」

M馬上滔滔不絕地告訴我很多這兩個禮拜所發生的新故事。

他說：以前他很喜歡打桌球，所以上週他去找學校的桌球隊教練，請求讓他加入桌球隊，他願意從陪打員當起。於是現在的他跟著桌球校隊練桌球，每天運動、流很多汗，回到宿舍時都很累了，不得不提早睡覺，上網的時間自然大大減少。

不只如此，他發現自己的桌球實力真的差很多，而且體力也不行，這可能是長期打電玩，讓他缺乏運動的關係。所以上星期開始，他每天早上去操場跑步，每次跑完後都好累，氣喘如牛，但是，他很喜歡這個新改變。

「我終於看見早上的陽光了。」他笑著說。以前打電玩一整個晚上，所以早上他都爬不起來，通常睡到中午。在他的新故事與笑聲裡，我看到了久違的陽光，很開心。

故事還沒完。

這一次M的媽媽也與他一起前來諮商，不過媽媽晚到了，於是先在外面等，等我跟M談完後，我再邀請媽媽進來一起談。

M的新故事，很叫我感動，我迫不及待想讓媽媽知道。

媽媽一進來後，我讓M把這禮拜的新故事再說一遍給媽媽聽，媽媽聽完後，感動到紅了眼眶。突然，媽媽對著M說：「對不起，是我害你變成這個樣子的，以前對你要求很多、很嚴格。」聽到這樣的話，我跟M都大吃一驚。

是的，M的媽媽是一位學校老師，也是一個充滿焦慮的母親。從小她對M的功課都是高標準的要求，「如果沒有考一百分、考第一名，就等於失敗。」M曾經這麼跟我說。

M在母親這樣的嚴厲教養與高期待下，幾乎沒有童年、沒有朋友，唯一的娛樂就是打電玩。

每當他功課寫完或考一百分時，得到的唯一報償也是打電玩。於是，最後當他終於完成媽媽的心願：考上第一志願以後，他就不再唸書了。他受夠了。於是他躲進電玩的虛幻世界裡，麻痺自己。

M的媽媽是一個嚴肅剛強的人，但她剛剛竟然開口跟M道歉，這讓我驚訝到嘴巴都合不攏。於是我問她：「是什麼讓妳今天想跟孩子說『對不起』？」

媽媽說：「剛剛我在外面等候的時候，剛好看到書架上有一本雜誌，裡面有篇文章在講親子教育，那個作家說：『每個孩子都不一樣，就像不同種類的花，無法比較，而每一朵花，花開的時間也都不一樣，得順其自然，父母不能著急，否則會揠苗助長。』我這才發現，過去我就是太急了，才會害孩子變成今天這樣。」

「現在我知道了，生命要順其自然。」然後媽媽轉頭，含著眼淚對M說：「以後你就用你的速度、你的方式去讀書，你要唸什麼都可以，你要什麼時候畢業也都沒關係。**你什麼時候開花，都可以。**」

媽呀，我的眼珠子差點掉下來。怎麼會這樣？

我用眼角餘光，看見M的眼裡早已泛著淚光。

接著，我也請M回應母親。

M跟母親說：「現在我知道，唸書不需要再為媽媽唸了，這讓我感到輕鬆許多。我不會再怪媽媽，但是妳剛剛的話，對我很重要，以後我會為自己負責，為自己唸書。」M的回應，一樣叫我悸動不已。

真是謝天謝地，個案與他的母親都突然開竅了。天啊，今天是什麼日子，這比中樂透還叫人開心。

「你什麼時候開花，都可以。」這是多大的接納呀！如果天下所有的父母都可以早點跟孩子說這句話，我想，孩子的問題至少會少一半。

這次的晤談，就在這樣令人意外的驚奇與溫馨對話中，接近尾聲。

晤談結束，媽媽突然又出現驚人之舉。

我真是不敢相信自己的眼睛。媽媽站起來，主動走過去，擁抱孩子。孩子嚇一跳，僵在那裡。擁抱完畢，媽媽又對著M說：**「就算你不開花，也沒關係。」**哇，此話一出，不得了，M立刻哭出來，淚水一直流、一直流。站在一旁的我，也頻頻擦眼淚。媽呀，今天媽媽是怎麼了？怎麼會這樣，判若兩人？奇蹟，簡直是奇蹟。我只能這樣說。我從沒在諮商室遇到這種突然的大改變。

這次晤談會出現如此戲劇性的大變化，叫我十分吃驚、也不解，但心裡很開心。如果你問我，改變是如何發生的？我必須誠實告訴你，我真的不知道。但我也在懷疑，難道是「清理」發生了作用嗎？難道是「我愛你、謝謝你、對不起、請原諒我」這句話給出的療癒嗎？

或許吧，誰知道？但那已經不重要了。

10. 不要阻止你的孩子長大

生命的改變，有一種神奇的「連動」，
當一個人改變時，另一個人自然也會改變，
這是一種奧妙的靈性「同時性」。

上週日晚上我聽到一個很棒的故事，一定要跟大家分享。

雅月是兩年前曾參加我私塾的學生，她很會說故事。年初她自己一個人跑到日本自助旅行，叫我十分驚訝，因為幾年前她曾說過她有一個夢想，她想要一個人出去旅行，如今夢想實現了，真替她感到開心。我知道這次旅行一定很精采，一定有很多故事，加上我自己也很喜歡旅行，所以特別邀請她到我家來，跟幾位朋友分享她這次旅行的故事。

故事果然精采。

話說去年有一天，她跟女兒從香港旅行回來，在機場時突然有個靈感：「下次我要一個人去旅行。」於是，她轉頭跟女兒說：「明年我要一個人去日本自助旅行，可以嗎？」想不到女兒竟然說：「妳想去就去啊。」

好，女兒這一關過了，她心裡少了許多負擔，不然，她會因為一個人去旅行卻把女兒放在家裡，而感到罪惡。

但過了女兒這一關，卻不一定過得了老媽這一關。

前幾年先生過世後，雅月就與女兒相依為命，沒有再婚。雅月的母親始終把她當小孩子一樣，一直擔心她、為她焦慮，每兩、三天一定打電話關心一次。母親忘了，女兒已經年過四十，而且女兒也已經當了母親。或許，在天下所有母親的眼裡，兒女永遠是長不大的吧。

但雅月不管了。這次她鐵了心，就是要一個人出走、去旅行。

這幾個月，她一個人找旅行社、訂機票、上網查資料，心中時而滿懷欣喜，卻又時而充滿恐懼，然而對於這次要去日本欣賞安藤忠雄的建築作品，讓她充滿了期待。

她本來打定主意不告訴母親，一個人偷偷跑去旅行，但在出發前夕，她突然想到，不對，母親經常打電話來，萬一打來找不到她一定會抓狂。是的，她的媽媽是一個十分焦慮的母親。於是，她還是決定打電話告訴母親。

但要告訴母親這件事，讓她很緊張，想都不用想就知道母親會有什麼反應：她一定會反對，而且大力阻撓。一想到必須「再」去面對母親的焦慮與阻撓，就讓她頭皮發麻。但是，又不能不講。打電話前，她深深吸了一口氣。
「媽，我下禮拜要去日本旅行。」
「跟旅行團？」母親問。
「不是。」
「跟妳女兒一起去？」母親再問。
「不是，我一個人。」
此話一出，母親在電話那頭立刻驚叫：「妳怎麼可以一個人去旅行，這有多危險妳知道嗎？妳絕對不能一個人去，立刻給我取消掉！」母親命令著。
母親的情緒反應，完全在預期中。
雖然都在預期中，但雅月的心，依然揪了一下。
再次深呼吸後，雅月緩緩地跟母親說：「媽，我跟妳說，這次我一定要去，我知道妳一定很擔心，但我已經四十歲，我是大人了，我可以保護我自己。我本來不想跟妳說的，就是因為怕妳擔心，我才告訴妳的。」雅月很堅定地說，心情意外地平靜。
雅月說，當她這樣告訴母親時，心裡有一種篤定，甚至平靜。這次，她沒有因為母親的焦慮或阻撓而感到憤怒或生氣，要是在以前，她一定會被母親的情緒給影響，立刻吼回去，然後生氣的掛電話。

但這一次，沒有，劇本不一樣了。

她只是很堅定、很平靜地跟母親說話，她說：「這次，我一定要去。妳不用反對，妳只要祝福我平安就好。」這意思是，我只是來「告知」，不是來徵求妳的「同意」，請妳，學習祝福妳的女兒，而不是擔心、焦慮妳的女兒，好嗎？

此刻的雅月，展現了一種堅定無比的力量。我可以想像，當時她跟母親講電話時的樣子，也是如此。我們都被她內在那個力量震懾到了。也因如此，母親的口氣突然變舒緩了：「好吧，要去妳就去吧，但要小心喔。」

哇，大家聽得眼珠子都要掉下來。「她是怎麼辦到的？」我們都十分好奇。

雅月是個單親媽媽，自從先生過世以後，她一個人獨自扶養女兒長大、也獨自舔著傷口，很辛苦。為了療癒悲傷，雅月這幾年上了許多成長課程，前兩年在私塾裡反覆說著自己的故事，她很真實地面對自己的過往傷痛與恐懼，真不容易啊。然後，故事越說越深，她也越走越裡面，最後她的神情變得越來越輕鬆、越自在。

說故事得以叫人變得勇敢有力量。雅月的自我反思與覺察能力很強，每次說完故事，接著就會帶出「行動力」。後來，她開始帶著女兒到處旅行，她的生活也越來越多采多姿，她不斷地在行動中創造「新的故事」，每次聽她說故事，都叫人驚豔。聽她說故事，真是一種享受。兩年不見，很高興她的生命依然不斷翻新，她繼續在說故事中，創造自己的新生活、新故事。

這次一個人的旅行，對她意義非凡。這是一種自我超越，她打破了舊習性，並超越了自己的恐懼。

雅月說，雖然出發前她做足了功課，但實際到了日本，突發狀況一大堆，書上講的跟實際上很多都不一樣，對於需要確定、安全感、很容易焦慮的她（跟母親一樣）簡直是一大考驗。但一路上，她經驗恐懼，卻沒有被恐懼打退，她選擇面對恐懼，繼續前進。

雖然旅途中每一天都有發生讓她焦慮不安的事，但是每當她克服了困難，來到安藤忠雄的美好建築作品面前時，都會經驗到一種前所有未有的喜悅與平安。

有一次，逛完安藤忠雄的著名建築後，她找了一家優雅的咖啡廳坐下，望著窗外隨風飄動的楊柳樹，清幽地喝著美味咖啡，她形容當下內心的喜悅，竟然比談戀愛還要美好。

我們每個人都被她的故事深深吸引著，彷彿我們也親臨了現場，也被周遭美好的建築藝術品給感動著。

雅月旅行回來後，心，更安穩了，臉上散發著光彩。

然後，她有個驚人的發現：女兒也不一樣了。

原本她也很擔心，自己出國旅行這兩個禮拜，女兒一個人在家，可以嗎？自己會煮飯吃嗎？會孤單害怕嗎？如同母親擔心她一樣，她也會擔心自己的女兒。

但神奇的是，所有的擔心都不存在。

當她可以學習獨立自主、好好過日子時，她女兒也「同時」辦到了。

雅月說，回家後她赫然發現：女兒長大了。

以前不做家事的女兒，現在都會主動做家事，幫忙洗碗、倒垃圾，簡直判若兩人。**生命的改變，有一種神奇的「連動」，當一個人改變時，另一個人自然也會改變，這是一種奧妙的靈性「同時性」。**因為我們內在有一種能量，是如此彼此相互吸引又牽制著，也因為生命是如此的「連動」，人才會活得辛苦吧。

這幾年從事「改寫」生命故事的療癒工作，我經常會跟學員說：**「你無法改變家人的，放棄吧，你唯一能改變的，是自己。」**

當我們好好說故事、好好面對真實的自己時，我們就療癒了自己。**當我們療癒了自己，自然而然地，我們同時也療癒了「關係」。**

就像很多人寫了母親的故事之後，都驚訝地發現，母親也在我們說故事的歷程中，悄悄改變了。這是在私塾中經常發生的事，至少我自己的經驗正是如此。

我的母親這幾年個性變得溫和許多，也比較容易體恤子女了，這絕對跟我長年書寫母親的故事有關。我知道：**當我疏通了自己，我的母親也同時被疏通了。一切療癒，由我開始。**

當雅月講到打電話跟母親說：「這次我一定要去。」時，臉上展現了一種溫和堅定的自信，我當場立即回應雅月：「喔，女兒長大了。而且好有力量。」

所以當雅月旅行回到家，她也驚訝地發現：「咦，我的女兒也長大了。」對於這樣的「連動」與同時性的發生，我一點都不感到訝異。

我常說：往往最阻礙兒女長大的，就是母親。這是我多年來的發現。

焦慮的母親，就會養出焦慮的孩子。一旦母親安穩了，對孩子充滿信任，孩子日後便能安穩度日，不用再惶惶終日了。

第四章

在不完美中看見生命的美好

受苦是一個寶藏，
因為慈悲藏於其中。
——波斯詩人魯米

1. 陪孩子走路回家

那條回家的路，
給出了孩子活生生的在地故事與在地經驗（知識），
如果不是透過這樣的相隨與陪伴，
恐怕關於案主生命的豐富與奇特，我們永遠不得而知……

D是我的好友，他也是做敘事的，尤其對於運用敘事陪伴孩子這件事，他實踐得很美。有一次，他告訴我一個很美的故事，這個故事充分展現了敘事「存在性相隨」的美感。

他說，有一次到一所小學做諮商，跟一個單親、就讀小四的孩子談了快一個學期。接近學期末時，有一天，談完後剛好是放學時刻，D隨口問孩子：「你要怎麼回家？」因為他突然想到，別人家的孩子放學可能都有父母來接送，而他呢？母親在餐廳做洗碗工，不可能來接他放學的，於是他想：要不要順便載他回家？

孩子跟D說，他每天都是自己走路回家的。單親又藍領階級的家庭，家裡沒人，媽媽要打工，回到家也是一個人，所以孩子說他不急著回家，他通常都會邊走邊玩、慢慢走回家。

孩子的回答讓D有點心疼。但D也感到好奇，他是如何「邊走邊玩」回家的？於是，他問孩子：「今天我可以陪你一起走路回家嗎？」

當下，孩子瞪大眼睛，有點不敢相信自己的耳朵，愣在那裡，好幾秒說不出話來。

「如果你願意，我今天想陪你一起走回家，可以嗎？」D再次徵詢他，輕輕地，怕嚇壞孩子。

孩子點點頭，臉上露出難得的笑容。確定了老師的善意，孩子沒再說什麼，拿起書包就走，D跟隨在後。

「一走出馬路，這孩子就變了。」D說。

剛開始，還有一點靦腆，不好意思，如同這孩子在諮商室的表情一樣。「但是，當我跟他一起並肩走在馬路上時，孩子的臉變得輕鬆、偶爾出現微微地笑容，甚至，最後走起路來像小鳥一樣、用跳的。」

D說，一路上、孩子開始跟他說故事。這些故事，是諮商室裡聽不到的。

「我通常會在這家漫畫店看漫畫，等媽媽回家。」經過漫畫店時，孩子隨手一指漫畫店，這麼說。

「老師，王家偉住在那個巷子裡。」

「王家偉是誰？」

「他是我最要好的朋友啊！」孩子開心地說，臉上馬上露出陽光般的笑容。

「老師，你要小心喔，那裡有時後會出現一個『溜鳥俠』……」，經過另一個小巷子時，孩子跟D這麼說。D很訝異，轉身問他：「你會不會怕？」

「才不怕勒，你不要理他就好了，他不會對你怎麼樣啦，他只是愛秀而已。就像有時我也會作怪，讓我媽媽注意到我，哈。」

D十分驚訝孩子可以有這般的洞見與辨識。他，不是我們大人想像中是無知、無能的小孩。D的發現不只如此。

經過一間冰淇淋店時，孩子不禁望進櫥窗裡，在門口停了兩秒，才轉身說：「這家的冰淇淋，我最喜歡吃了，不過要等下個禮拜才能吃。」

「為什麼要等到下禮拜？」D問。

「因為我家沒錢啊，媽媽賺錢很辛苦，每天只給我十塊錢零用錢，所以我得慢慢存夠錢，才能買啊。我計畫通常兩個禮拜去吃一次。」孩子解釋著，臉上立刻顯露吃到冰淇淋的幸福笑容。

D紅了眼眶，立刻拉著孩子，走進了那家冰淇淋店。他跟孩子說：「老師今天很想吃冰淇淋耶，你可以陪老師吃嗎？」

走進櫃臺，D又問，「你可以推薦老師，哪一種口味最好吃嗎？」

孩子從一臉驚訝，立刻轉為驚喜，一口大聲喊：「巧克力！」

「小姐，我要兩客巧克力冰淇淋。」

走出冰淇淋店時，兩個人一手握著巧克力冰淇淋，邊走邊舔。香濃的巧克力，融化了孩子的心，此刻孩子臉上露出幸福的微笑。

吃完冰淇淋，孩子拖著D走進了一座廟，那座老廟，剛好矗立在街口。

「做什麼？」D好奇地問。

「去拜拜啊。」孩子簡單地回。

在對著土地公拜拜的同時，孩子轉頭跟D說，媽媽經常帶他來這邊拜拜。

「媽媽很喜歡拜拜，每次跟菩薩說完話，她的心情就會好一點。」孩子又說：

「我也喜歡拜拜，因為我喜歡看媽媽開心的樣子。」

看著孩子雙手合十、專注對著菩薩膜拜的神情，D心裡又是一陣感動。

離開土地公廟，又走了五分鐘，才到孩子的家。那個家，是一個起碼有三十年以上歷史的老舊公寓，剝落的外牆說明了一切。房子還是租的。

孩子從身上掏出鑰匙，熟練地打開鐵門，邀請D：「老師，你要不要進來坐一下？」D看見孩子眼神裡的期盼，二話不說，跟著走進去。

D走進了公寓四樓，裡面不大，大概二十來坪，家具看得出都是有二十年歷史的舊家具，不過屋子裡還算乾淨、整潔。

孩子給D倒杯水後，立刻衝進廚房，「老師你等一下喔，我要先去洗個米，馬上就好。」喔，學習幫忙做家事，是身在藍領階級、單親家庭的孩子，必須具備的基本能力。這讓我想起了小時候的自己。

故事聽到這裡，我也紅了眼眶，我看見了小時候那個孤單的自己。

D說，那次陪孩子走路回家，一路上，孩子跟他說了很多話，這些話加起來，比孩子這學期在諮商室說的話還多。「**如果沒有陪他走這段路，我是不會聽見其他故事的。原來，這孩子比我想像中還要有能力照顧自己、還要有力量。**」（這就是敘事裡強調的「支線故事」、「在地性知識」）

我很喜歡這個故事，我跟D說：「**是啊，這就是一種『在地性知識』，這些**

知識，經常被我們忽略，沒被看見，所以對案主的生命，其實我們通常是一知半解的。」這是我這些年進行敘事諮商的反思與覺醒。

我在想：如果諮商工作，永遠只守在諮商室，踏不出諮商室的門，會不會我們也永遠踏不進去案主的生命？

我們對案主的看見與理解，真的比我們所聽到、看到的，要少很多。所以我常提醒自己，不要自以為是，以為我懂了個案。

聆聽著這孩子的故事，讓我很感動，於是，我也在想：

「那條回家的路，給出了孩子活生生的在地故事與在地經驗（知識），如果不是透過這樣的相隨與陪伴，恐怕關於案主更豐富的生命，我們永遠不得而知。不是嗎？」

2. 故事創造故事

在所有的方法中，
故事是最能觸摸到人性靈魂的一種方式。
——《誰能寫出玫瑰的味道》

每次帶敘事工作坊，講到「在地性知識」時，我就會把上面D陪孩子走路回家的故事說一遍，這樣學員就懂了：什麼是「在地性知識」？什麼是「存在性的相隨」？我教敘事，通常用講故事的方式。我發現：故事是最有效、最能發人深省的教學方法。同時，故事也是最能觸摸到人性靈魂的一種方式。

幾個月後，我與D見面，他又告訴我另一個精彩故事，關於一位老師下課後陪孩子走路回家的故事。嗎呀，好精彩。

這位老師叫惠如（化名），她在某個鄉下擔任國小老師，上過D的工作坊，聽完他講的敘事及上面「陪孩子走路回家」的故事後，很感動，回去以後，立刻去實踐。（敘事是很強調實踐的學派）

有一天，她突然跟全班二十五位小朋友說：「這學期老師可以陪你們走路回家喔，一人至少可以有一次，想要老師陪的人，下課後可以過來登記。」令人意外的，下課後孩子們爭先恐後地跑來登記，惠如好驚訝、也很驚喜。

惠如想說，透過陪孩子回家時，她順便可以做家訪。她不要以前那種正經八百、形式化、有目的性的家訪，她想透過這種方式，讓家庭訪問變成一件輕鬆、自然、開心的事。

然後，故事就發生了。

每次送孩子到家以後，家長看見老師陪孩子回家都會很感動，同時也會禮貌的招呼惠如進去坐一下，甚至，還有家長會熱心地留老師在家裡一起吃飯。「鄉下人很熱情，有時不吃都不行，如果拒絕、看到他們失望的表情時，心裡都很難過。」惠如說。

所以，有時惠如會答應留下，藉機跟家長聊聊，如此，不但讓家長瞭解孩子在學校的情況，同時也順便瞭解孩子在家裡的情形。惠如說，每次做這種家訪，她都會聽見很多令她感動的家庭故事。而當她拜訪過孩子的家、聽完家庭故事以後，再回到學校跟孩子相處，那種感覺，馬上跟以前不一樣了。

「怎麼不一樣？」我問D。

「惠如說感覺跟學生關係大大靠近了，現在，孩子什麼事都會跑來跟她說。」

喔，我聽得好感動。

然後，D又告訴我：惠如因為陪學生走路回家，一路上不只聽到更多學校裡聽不見的故事，她也意外地成為學生們的「偶像」。那學期，每個孩子都爭相要老師陪他（她）走路回家，這件事變成一件很榮耀的事。「今天放學老師要陪我走路回家喔。」這件事，竟然成了孩子們來上學的最大動力與期待。她也發現：現在班上的孩子比以前更喜歡來上學，功課也進步許多。

然後，這件事後來在鄉下的小村莊裡傳開了，造成轟動。

現在，大家都知道，有個女老師會輪流陪小朋友走路回家。接著，每到一個村落，惠如都會被競相邀請到不同家裡去作客，也因此，透過跟孩子、家長與村人的互動，讓她更瞭解每個孩子所生長的家庭環境、社區文化，及它對孩子的影響。

最後，D轉述惠如的話：「教育工作做了幾十年，越來越沒勁，本來想說早點退休算了，想不到因為這個『創舉』，讓孩子們越來越喜歡我、也讓家長越來越信任我。現在，每到一個村落，大家都會出來跟我打招呼、歡迎我、甚至要送我東西吃，老師能做到這樣，讓我覺得很有尊嚴，雖然每次陪孩子回家都要花我很多時間，但這一切都是值得的。」

惠如的故事，讓我感動到紅眼眶。哇，這就是敘事實踐，一種很美的「在地性」的實踐。

從D的故事、到小學女老師的故事，讓我學習到，「敘說與實踐」，這兩件事是相輔相成、一體兩面的。當D分享了「陪孩子走路回家」的故事後，這個經驗感動了惠如，於是惠如就去創造了另一個「陪孩子走路回家」的故事。故事是有生命的，故事可以創造故事，這就是故事的力量，故事讓生命得以「生生不息」。這也是我想把他們兩人的故事寫出來做分享的原因，我期待，這些故事許可以刺激更多教育工作者去做反思吧。

D與惠如，他們兩人同時都在做一件事，就是打破諮商與教育的「框框」。他們突破了角色的限制，用生命在做諮商、做教育；誰說諮商師不能陪孩子走路回家？誰規定老師不能陪孩子走路回家？「陪孩子走路回家」是一個創舉，用這種方式陪伴生命不但有創意，同時給出滿滿的愛。它讓學校教育走出一條嶄新的路來，這條路，直通孩子的心。真的好美、好美。

後記：

當寫完這篇文章以後，我寄去給故事的主角惠如，請她先過目，不久，立刻就收到她的回應。信中，她給出更多感人的故事，我心想：這麼好的故事如果不跟大家分享實在太可惜了，於是徵得她的同意，放在這裡，好讓大家「欣賞」到這位老師陪學生走路回家更多感人的故事。在此，再次應證了故事的豐富性，故事以外，永遠還有「其他」故事。這就是故事迷人的地方。

親愛的志建：

沒想到陪小孩走路回家的事會被你聽到，竟然還被你寫下來。那是我教學上值得回味再三的閃亮時刻，連自己都很感動與開心。有機會可以跟別人分享，我十分樂意。

當時的我，剛帶那個班，真的遇到很大的瓶頸，其實是有點走投無路了，聽到D的點子，才想來試試透過陪孩子們回家，我騰出一小段完整時間和一個孩子走一段路，單獨的說說話，不是在教學，也不是指派任務或曉以大義，只想以輕鬆的心情來認識孩子的生活世界。

從敘事的觀點，我是透過移動空間，「移動」我看一個孩子的視野，我在尋找孩子在課堂以外的「支線故事」，一路走下來，每個孩子都有讓我十分驚豔的亮點。

例如：有個小女孩，上下學都會經過墳墓堆（我們學校旁邊就是墳場），我好奇的問女孩：「每天經過這裡，妳不會害怕嗎？」

小一的女孩鎮定的回答我：「不會呀！有阿祖會保護我，每天都能看我上下學，阿祖很高興。」這是多麼自然而深刻的生命教育現場。

又有另一男孩，經過他阿祖的新墳，他天天都會繞過去跟阿祖打招呼，因為他是阿祖帶大的孩子。我這才發現，平時這個粗心的小男孩是用這種方式在想念阿祖、跟阿祖連結的，原來他也有細膩重感情的一面。

另外，我們班有一對雙胞胎，來自功能很不良的單親家庭，他們家離學校很遠很遠，家長沒有接送，他們揹著書包，還提著從學校打包回家的營養午餐。中午一點，大太陽底下，陪他們走一回，我在心底暗自佩服這兩個孩子。

另外還有一個經典的例子。我陪一個女孩回家，她期待這一天已經期待很久了。但當走到她家門口約三十公尺處，我就聽見她家傳來麻將聲，女孩表情很尷尬，叫我不要進去，陪她走到這裡就好。原來，她有一個很愛打麻將賭博的父親，那是她心裡的痛。

我問她：「妳擔心讓老師看到爸爸在打麻將，是嗎？」女孩點頭。

我繼續說：「妳擔心老師會不喜歡妳的爸爸，不喜歡妳的家，不喜歡妳，是嗎？」女孩眼淚掛在眼眶中。

然後，我告訴她：「妳是妳，爸爸是爸爸，老師一直都知道，妳是一個很棒的孩子。」說完，女孩才放心地讓我進去她家。

其實，小女孩的擔心我懂，因為，我也有一個類似的父親，我也曾為此自卑了二十多年。

感謝你幫我的故事發聲，讓我勾起了過去那段美好的回憶。

祝福你，新書發行順利，

一切都好！

3. 勇敢的巨人

眼前這個曾經傷痕累累、把自己癱掉的小孩，
如今變成了一個巨人，佇立在我面前，
不卑不亢，那一聲「不」，是多麼有力量啊。

今天我發現了一個「巨人」，從那巨人身上我看見了生命之光，這個故事，非得跟大家分享不可。

今天下午，我要去見一位個案，這個案是位年輕人，他很特別：真誠、有自覺、會說故事、有動機，這樣的個案是很討喜的。而且重點是，他的生命故事，時常深深觸動到我，看到他，彷彿也看見某一個時期的自己。

他叫一凡（化名），某國立大學的大學生，因沉迷於電玩，走不出來，無法去上課，經常處在被二一的危險邊緣。一年前他開始跟我談，剛來的時候，兩眼無神、心智渙散，他說他快撐不下去了，他需要幫助，不然會去自殺，他是主動請母親帶他來諮商的。這幾年我接觸到像他這樣網路成癮的個案很多，但會自己主動求助的不多，他是第一個。

接觸這樣的個案多了以後，我有個發現：這些網路成癮的孩子，似乎都有一些類似的家庭模式，而且，通常他們都會有一個掌控且焦慮的母親，很有意思，這代表什麼呢？

這次一凡主動前來諮商求助，他真的很不同，反而母親動機不強，是他「拖」著母親前來諮商的（一般都剛好相反）。對於有強烈動機的案主，治療師都很喜歡，我也不例外。跟這樣的案主工作，通常會比較順暢、省力、有成就感。

一凡跟我談了一年，從沒有感覺的「行屍走肉」（這是他第一次來時對自己的形容）到現在漸漸變成有感覺的活人，過去他的生活只有電玩，但現在，已漸漸擴展到可以看小說、打桌球、練桌球、唱歌、跟人互動的新世界。這個生命，從枯樹到慢慢發出新綠芽，這是一段漫長辛苦的歷程，但也是很美的過程。

當我從洗手間走出來時，一凡就在櫃臺邊看著我，然後主動跟我揮手打招手。我看了他一眼，嗯，可以感覺他今天的能量狀態很不錯。運用第一眼的直覺，是我這幾年做諮商的新能力，直覺會馬上告訴我：關於此刻案主的狀況訊息。

一凡今天真的不錯，淡淡的微笑裡，流露著一股輕鬆的氣息，有一種走在春天微風裡的自在，我暗自期待著今天會有好故事。

他一坐下，我問他這三個禮拜，過得如何？有故事想分享嗎？

一凡以一種自在又堅定的眼神看著我說：「這三週過得很充實，我在學校打球、練球，有進步、也有挫折，跟教練有些對話，假日回到家，也發生很多事，總之，故事太多了，但是我不要全部都講完，全部講完一遍，時間就到了，那你都沒講到話，這樣我的錢太好賺了。」他調皮地笑了一下。

呵呵，這小子今天竟然敢跟我開玩笑了。

不知怎麼，我對這個玩笑，感到愉悅，那是一種關係的靠近，而且，他讓我知道一件事：他今天，真的很「鬆」。

我莞爾一笑，「那你就長話短說吧。」

我知道，今天他有很多話想跟我說。他的身體微微前傾，那個姿態裡，有一種期待、一種渴望，渴望被聆聽、被理解，每次他來到這裡，跟我講話的樣子就是這樣。這個姿勢，我認得。

「好，簡單的說，我這幾個星期都在學校練桌球，我很專注地練球，這讓我覺得自己是活著的。」當他說這句話時，我可以感受到，有一股生命力，從他身上「散發」出來。

此刻的他，眼神散發出閃亮光芒，如同練球時候的他一樣，專注凝神，此刻，有一種光芒聚斂在他身上，散發出一種安穩的存在感。

而且，這個存在感有著一種非比尋常的力量，叫人安定、放鬆，如同此刻的他。他身上那股生命力有如「春風」般，吹向我，我迎著春風，陶醉其中。

「除了練球，我的教練還跟我說了他的故事，說他自己求學的故事，為了到大陸念桌球博士，他傾家蕩產，回到台灣後，卻懷才不遇，他教學很認真，但是他的學生背叛他，讓他很傷心⋯⋯」，滔滔不絕，一凡跟我分享著教練的故事。我很感動，但不是教練的故事讓我感動，是一凡。這裡，我看見了一凡除了練球之外，他開始有能力去「與人連結」、去聆聽他人的故事了。

唉，這件事是不容易的。好，如果你知道，一年前坐在我對面的這個年輕人，他的世界，除了虛擬的電玩世界以外，人際世界幾乎是空白的，相對之前的慘白，你一定也會驚訝於他目前豐富多彩的生活。現在，他不再是行屍走肉的「活死人」了。

我的感動，不只如此。

一凡繼續說：「教練告訴我，桌球不能當飯吃，『你既然會唸書，以前都可以考到台大，那你就應該好好去唸書，只有文憑才是真的⋯⋯』教練說這些話，我很感動，我知道他是好人、他是為我好，但是，我心裡也知道：『我們是不同一國的人』……」

「你們是不同一國的人？」我重複了一遍。這句話叫我一驚，是驚喜。

「對，我們是不同國的人。但我瞭解他為什麼會有這種想法，那就是主流價值。他跟我媽一樣，都活在主流價值裡，活在那種價值，人就沒辦法做自己。」天呀，他竟然可以清楚辨識教練話語裡的價值了。這是怎麼回事？

「當我回台北後，跟台北的桌球教練碰面，他也跟我說了好多故事，不過，我這才發現，學校的教練真的很會教球，他真的看見了我的優點、缺點，依照我的個人狀況來指導我；而台北的教練，他很有實力、也很會打球，但他不會教球，他只是在秀自己的球技而已。」好小子，腦袋越來越清楚。

「會打球跟會教球是兩回事，周老師你懂嗎？」一凡看著我，想確認。

喔，拜託，我當然懂。我看過太多學問淵博、滿腹經綸的教授，但老實說，不一定會教書。「有學問跟會教書，也是兩回事。」同樣的道理，「有心理證照跟會做心理諮商，也是兩回事。」

「台北的教練也是跟我不同國的人。」一凡繼續說。這次他更清楚地辨識，學校教練與台北教練的差別，也更清楚地知道：自己與這兩位教練之間的「差別」。這代

表：他越來越清楚自己「要什麼」了。

「學校的教練很會教球，但是他並沒有看重、肯定自己在桌球的價值，他選擇了一般世俗的價值。台北的教練，只看見自己、只想炫耀球技，但他沒有看見學生的需要。他給不出我要的東西。我要的，除了桌球之外，還要有一種價值。人對自己所做的事背後都有個價值，必須看見、給出來。」一凡仔細地分辨給我聽。

媽呀，我張大嘴巴，努力克制自己不要從椅子上摔下來。

我的耳朵沒問題吧？這是我認識的一凡嗎？

還沒完，更驚奇的故事來了：

「上禮拜回家，我感覺到家裡的氣氛很低迷。老實說，過去的我，一定想逃，不然就是跟著『陷』下去。但今年，沒有，可能是我的能量還不錯，我主動過去幫媽媽打掃家裡。每年過年，媽媽總是為了大掃除鬧情緒，今年也不例外。弟弟跟爸爸是不會配合媽媽打掃的，弟弟是我過去的翻版，現在正把自己癱在電玩裡，逃避作業、也逃避他的人生。爸爸呢？也是癱著的，每天在外面打牌打得很晚不回家，我知道他在逃避面對媽媽。唉，媽媽很可憐，每次都邊掃邊罵，搞得全家雞犬不寧，結果讓每個人都更癱、更怕她。還好，這次有我幫忙，媽媽的情緒減緩很多。同時我還一邊安慰媽媽……」當一凡這麼說時，我的眼珠子都快掉下來。

他跟我一樣，同樣都有一個焦慮的母親，那是一種一定要「把事情做好」的焦慮。記得，以前年輕時，每逢過年，為了打掃，母親就開始亂發脾氣，不管我們怎麼努力，總是很難達到她的標準。那種不愉快的感覺，記憶猶新。

好，今天這小子長出力量了。

「在整理書櫃時，媽媽想把我的書從這裡挪到那裡，說這樣比較好看。但我跟她說，我的書想放在『這裡』，因為這樣我比較好拿，這書櫃是我在用的，不是她在用。

媽媽剛開始像過去一樣很『堅持』，她一定要放在『那裡』。以前，家裡所有的擺設布置，都得聽母親一個人的，我們不敢有意見。母親是女王，沒人敢違逆。但這一次，我跟母親說：『不，我想放這裡。』然後，媽媽愣在那裡。我又認真看著她說：『妳知道，這一聲「不」，是我需要跟周老師諮商一整年，才學會的事，妳明白嗎？』於是，母親懂了，不再堅持。然後，我的母親也紅了眼眶……』帶著堅定、溫和的語氣，一凡一口氣說完這些話。

突然間，我感覺有個巨人站在我的面前。

當下聽到那一聲「不」時，我的眼眶立刻紅了，一滴淚水不聽使喚地從眼角邊，流了下來。

當下，我的心被震撼著、澎湃不已。**眼前這個曾經傷痕累累、把自己癱掉的小孩，如今卻變成了一個巨人，佇立在我面前，不卑不亢，那一聲「不」，是多麼有力量啊。**這句話，我也是學了好久，才學會的。

在我眼前的巨人，此刻身上散發著光芒，有如生命的探照燈，就這麼扎扎實實地照射在他身上，他的「存在」是如此的巨大，透著無比的力量。

面對這樣的生命，除了感動、還是感動。當下無言，只有淚。

在這個神聖時刻，語言已經不重要了，眼神與淚水的回應，或許更為貼切真實。而眼前的巨人，也拿下眼鏡，用衣角輕輕拭淚。當下，我們淚眼相望。無言。

在那個沉默的當下，我們各自在自己的淚水裡，咀嚼著生命，共享這個神聖的時刻。

慢慢地，巨人又開口了：「看到父親、母親、弟弟他們，我有一種無奈，我知道他們在受苦，很想幫他們，但我知道我能做的不多，我只能幫忙打掃、偶爾安慰媽媽，我能做的就是這些。現在，我知道我的限制，也越來越接受自己的限制，我不想再為難自己了。」一凡的話，雖然透露著生命的無奈與無能為力，但現在的他，對生命的限制，卻有更深的理解與接納。在人我之間，他不但可以靠近、也可以劃出一條界線出來了，讓我又是一驚。

於是，我也告訴他，面對生命，我也經常感到無奈與無能為力。

每個人其實都過得很辛苦，不過，這「受苦」（suffer）或許是人生的必經歷程吧，人得經歷這個過程，才能淬鍊出生命的精華。我在說的，其實是一凡。**眼前的他，是一個經過淬鍊後的生命，他是一顆閃閃發亮的鑽石。**

「時間還有多少？」一凡問我。你看，他的時間界線也越來越清楚了。

「還剩五分鐘。」我說。

「最後再跟你說一件事。」我把身體坐正，準備迎接新故事。當然，在我還沒聽之前，並不知道，這又是一個震撼彈。

「我家附近有一間理髮店是我從小理到大的，我重考那一年，有一次去理髮，理髮店的老闆娘跟我打氣加油，我跟她說，如果考上台大，我就送她一個蛋糕吃，後來我考上了，卻沒有送，我忘了這件事了，因為考上台大對我而言，只是給父母的交待，我並不覺得那是什麼值得特別高興的事。

「後來你也知道，唸了一年被台大退學後，我就不敢去那家理髮店理髮了。但今天，我經過那家理髮店時，突然想到過去自己的承諾，所以，等一下回去，我會買一塊蛋糕，送給那個老闆娘吃。」我認真地聽著一凡的故事，想弄懂他想表達什麼。

「你覺得那老闆娘還認識你嗎？」這個天真的小孩，我擔心他會不會嚇壞人家，讓人以為他要去追求老闆娘。我把我的擔心告訴他。

他哈哈大笑：「她是歐巴桑啦。可是，我想應該記得吧，我從小給她理髮理到大的。如果不記得也沒關係，我會告訴她，我為什麼要送這蛋糕給她。」他堅持著。

「你這樣做，對你的意義是什麼？」我又問。我想要是我的話，這麼久了，對方應該早就忘了，我應該不會想去做。但一凡如此堅持，想必有他的道理。

「遵守諾言吧。」他回答，一付天真的表情。

「遵守諾言？」我看著他，有些驚訝，但還是不解。

「對呀，小時候我們受儒家教育，不是說『一諾千金』嗎？」喔，我們的教育還真成功，是這樣嗎？我繼續問著，裡面其實有一個「擔心」，其實我想說的是：「如果你跟老闆娘說五年前你考上台大，所以為了實踐當年的諾言，買蛋糕給她吃，我想她接著一定會問你，畢業了沒？那你要怎麼回答？難道你要告訴她，你被台大退學了嗎？」

好，我這個擔心是有故事的。你知道嗎？被台大退學這件事，對一凡是個很大的陰影，這件事讓他認定自己是個「失敗者」，也因這個陰影，讓一凡一直躲在電玩裡出不來。他跟我說，他很少去上課，當他偶爾去上課時，同學就會開玩笑說：「喔，好難得，一凡來上課了，今天太陽打西邊出來！」光是這樣的話語，都叫他無法忍受，這會讓他想起被退學的失敗的自己，他會告訴自己：「我就是那個被退學的失敗者，不用再掙扎了。」這一年裡，我看見他躲在這個失敗陰影中，自我折磨，痛苦不已。

有一次，他告訴我，他就是無法忘掉過去被台大退學的陰影，問我怎麼辦？我看著他，跟他說了一個故事，《地海傳說》那個年輕巫師的故事：「轉身面對黑影，叫出它的名字。」那一次，他聽完故事後這樣回應我：「這真是個好故事。」之後呢？我不確定這故事是否能幫助他回頭轉身、認了自己那個黑影？但是現在，當我聽完這個蛋糕的故事以後，我確定，他已經轉身了。

認了、認了。

一凡接著告訴我：「是啊，我就告訴她，我被台大退學了呀，因為當年不愛唸書，所以大學唸了很久、很久……」當他說這些時，我的眼淚又不聽使喚了。我拿起衛生紙拭淚，而一凡依舊抓起衣角擦淚。

啊，巨人又出現了。噹、噹、噹，我彷彿聽見從天而降的美妙聖樂響起。勇者無懼。

始終跟隨他這麼多年的退學陰影，如今，巨人轉身，把它給認了回來，「收編」了回來。

我兩眼迷濛地看著他。巨人，也溫柔地看著我。

最後，起身，我把手伸展出來，這是我第二次[2]主動想給他一個擁抱。巨人很大方，也起身把我攬在懷裡。在那個擁抱裡，除了感動，還有感恩，此刻，一切的語言，都是多餘的。

「以眾生為師」，這是我這幾年敘事實踐的最大心得與感觸。是的，他們都是我的老師。他們也療癒了我。

擁抱完，我拍拍他的肩膀，沒說什麼。其實，我心裡想說的是：「**孩子，我以你為榮。**」然後，趁著我的淚水狂奔之前，我轉身，向櫃臺走去。

我以為一凡會尾隨著我的腳步前行，但沒有，我到櫃臺等了一會兒，他沒來，我又轉身，回頭望過去，我的眼睛穿越走廊，在另一端的暗暗角落裡，那個巨人，依然佇立在那裡，拉著衣角、頻頻拭淚。

等巨人再出現時，紅著眼眶，我們沒再說什麼。就在他即將轉身離去時，我對著他說：「新年快樂！」他點點頭，想說什麼，卻又說不出來。

直到打開門離去前，他才又轉身，定定地看著我，說：「周老師，新年快樂。」剎那間，我的腦海裡立刻浮現出一個畫面。

我看見，一隻曾經折翅的老鷹，如今，已經長滿了豐厚的羽翼，站在懸崖山邊，等待放手單飛。即將展翅高飛的他，英姿煥發，如此光芒耀眼。

---

2 記得有次聽完一凡的故事，我很心疼，最後離去時，我發自內心地給他一個擁抱，那是我第一次擁抱一凡。擁抱完後，他問我：為什麼想擁抱他？我說：我心疼他呀。然後，下次我們再見面時，他不一樣了。

一凡告訴我，那次擁抱，剛開始他還沒什麼感覺，但是回家後，當媽媽問他今天跟周老師談了什麼，他才憶起我最後給他一個擁抱，然後，他突然嚎啕大哭了起來，他跟媽媽說：「從小到大，你們都沒抱過我，也從來沒有人說過這樣的話，從來沒有人心疼過我。妳跟爸爸都沒有。」那一次，他徹底大哭一場。而母親，也跟著哭了。然後，母親說：「那媽媽現在可以抱你嗎？」接著，母子兩人相擁而泣。擁抱中，媽媽一直跟他說：「對不起、對不起……」

4. 重新擁抱內在那個小孩

只有受過傷的醫生，才會療傷。
——《榮格自傳》

相對於上一個故事的個案一凡，S便是一個很不討喜的個案。

S是一個五十多歲離婚的中年男子，目前獨居，他來跟我晤談，說是要我幫他解決目前面臨的中年危機。但跟他談話，卻讓我越來越沒耐心。

每次跟他說話都很辛苦，他無法談感覺、無法說清楚一個故事，講話很小聲、又有點重聽，每次，只要我想進一步細問，他總是有辦法迴避、含糊帶過。「沒有啦，就是這樣啊」、「還好啦」、「不記得了」……我當然要尊重他的反應，接受「這就是他」，但是，我也必須誠實自己的感受：「唉，跟他說話，好累呀。」我很少感到詞窮的，只有對他有這種感覺。

很少有個案會讓我感到束手無策。於是，在上次晤談結束前，我真誠地跟S說：

「你有準備好要探索自己嗎？你要不要回去想想看，你期待來這裡的目的是什麼？我們要怎麼談才能對你有幫助，好嗎？」

呵呵，現在想想，其實我是在跟案主求助，也在跟案主下最後通牒，其實我想說的是：「我受夠了，如果你真的不想談，就別來吧。」

所以，對今天的晤談，老實說，我沒什麼期待，也不敢奢望他會有任何突破。

時間一到，S準時進來，坐定，尷尬地對我笑了一下，接著就杵在那裡了。每次都一樣。

他很被動，通常要等我先開口。

「最近過得怎樣？」我問。S愣了幾秒鐘才開口：「還好，都一樣。」哈，如我預期的標準答案。

我耐著性子，繼續問：「還好是什麼意思？」又是一陣沉默，久久才回：「一個人過，每天都一樣。」

「一個人過，是什麼感覺？」S臉上掠過一絲哀愁，一下子，馬上又恢復「正常」，然後淡淡地說：「有點孤單吧。」

咦，有感覺了，心裡有點高興。但是S馬上說：「其實一個人也不錯啦，比較自在、沒有牽絆。」喔，拜託，又來了。

我很不喜歡S這樣快的「自圓其說」。我發現，這種自我安慰與合理化，過去經常出現在我們的談話中，讓我們的對話無法持續下去，同時，這樣的話語通常會伴隨S的肢體表情，好像在告訴我「這沒什麼好談的」。而我，經常就「卡」在這裡，無法前進。

但這一次，我鐵了心，豁出去了。

我繼續追問：「你喜歡一個人嗎？」

S停了很久：「還是想要有一個伴啦，在一起，比較不無聊。」

我抓住這個矛盾點，面質他：「但你剛說一個人比較自在無牽絆，現在又說希望有一個伴，比較不無聊，你有看到自己的矛盾衝突嗎？」

長期以來，S一直在迴避自己內在的矛盾與衝突，此刻，我很樂於把這個「矛盾」擺在他面前，強迫他去面對。

停了一會兒，S說：「我希望有一個對象，但是要可以相處得來的，不要像我前妻一樣，折磨我。」S的表情黯淡了下來，又說：「但是我很難找到適合的對象，我喜歡的，人家不喜歡我，尤其碰到有好感的異性，我通常不會主動、也不敢主動，連開始都無法開始……」第一次，S透露出對伴侶的渴望及找不到對象的無能與挫折，讓我有點疼惜。同時，我也發現，我們的談話到此為止，已經跟過去有些不同了。

接著，我問他如何「解釋」自己與異性無法開始建立關係這件事？

S立刻翻開筆記本，筆記本裡密密麻麻寫了很多字，他認真看著筆記本，告訴我這個問題他曾想過，並列出幾點原因。

看到他做這個動作，讓我有點訝異，可見他是認真思考過這個問題的，這讓我對他有了新的認識：其實，S沒有我想像的那麼混，想打迷糊仗，或許，他只是「不得其門而入」，對於我們心理諮商裡強調「談感覺」這件事，是他不熟悉的方式吧。

此刻，我反思到：我是不是對他有偏見？想到這兒，一絲的羞愧感，從心中掠過。

看著筆記本，S開始侃侃而談。他覺得無法與喜歡的異性親近，原因包括他沒有自信、高傲、不求人、害怕再一次被束縛、被傷害（如同之前的婚姻），還有他擔心年齡的差距，他喜歡的通常比他小很多，年紀大讓他自卑，他害怕被拒絕。嗯，其實他有某種程度的「自知之明」，不是嗎？過去，我太小看他了。

接著，我與S一一針對他列出來的每個因素，去做討論。此刻，我突然跟他靠近了。

針對「高傲」、「不求人」，我問S：「那個『不求人』背後代表什麼意涵呢？它是怎麼來的？」

這個問話讓S陷入長長的思索，一段時間後，他才開口，「不求人」其實是因為：他害怕被拒絕，所以不想去求人，就不會被拒絕了。

接著，我問S：「以前有什麼故事跟『害怕被拒絕』有關嗎？」一下子，他臉上輕輕地掠過一絲哀愁，然後淡淡地說出一個故事，這是第一次，他把故事說得這麼清楚。

「小時候家裡窮，媽媽常要出去跟親戚朋友借錢，因為爸爸打麻將賭博，輸了很多錢，爸爸常在外面賭博，不回家，很少看到他。他在外面欠了很多錢，所以經常有人到家裡討債，每次有人來討債時，我們都很害怕，鄰居也很看不起我們，這讓我感到很自卑。

有一次媽媽又得出去跟親戚借錢，這回，她拉著我一起去壯膽，其實我很不想去，覺得很沒面子，那一次，我看到媽媽低聲下氣、用極卑微的身軀及語調去『求』親戚借我們錢，那個表情，我一輩子忘不了。當下，我心裡暗暗地跟自己說，以後，我絕對不要求人……」

這個故事，讓我明白了他的「高傲」與「不求人」的背後，原來有著深深的「自卑」。

S繼續說：「小時候我功課不錯，但我發現，每次唸書時只要我一鬆懈下來，別人就會來討債，真的很靈哦，每次都這樣。」S笑著說：「不只是這樣，我小時候很用功，每次都得前三名，都拿獎學金，每次獎學金我都拿回家給父母。」

看著S，突然心裡好疼惜他。

「所以，你用功唸書，其實想要用這種方式（拿獎學金）對家裡有所貢獻，是嗎？」一下子，S臉上出現複雜的表情，眼眶泛著淚光，不語。

第一次，S比較完整地說自己的故事；第一次，S的眼裡有淚；也是第一次，我是如此靠近他。

我鼓勵S停在這個感覺「多留一會兒」。良久，他的淚水沿著臉龐直下。

「現在是什麼感覺？」我問。

「很累……」他輕嘆一口氣。

我想S不只是累，也很苦。在他身上，我隱隱地看見我與我母親身上的「自卑」，我們都很努力，也都很想要去「超越」那個自卑。

「你會氣你的父親嗎？氣他沒有盡到父親的責任。」如果我是他，我會對這樣的父親有著極大的憤怒，我想知道S的感覺。

「其實他也不是太壞啦，至少小時候他很少打過我，他只是比較大男人、比較權威，全家人都怕他，很少跟他說話，還好他常不在家，我們生活也比較自在一點。」他又開始合理化了。但現在，我已經接受這樣的他。

看著S，我問：「你覺得他是一個怎樣的父親？」

S的臉上掠過一種複雜的茫然，良久，才說：「我很少跟他說話、也很少看到他，他常不在家，從小他就沒抱過我，唯一抱過我的時候，是有一次大地震，他一手拿著家裡的金子，一手抱著我往外衝……」說到這裡，S突然哽咽、眼眶紅了起來。

深深看著S，此刻，在我面前的他，不再是個五十多歲的中年男子，而是十歲的小男孩，這個小男孩，有一個缺席的父親，他從來沒有機會好好跟父親說話，更別說一個滿懷的擁抱。此刻，讓我想起一本書：**《缺席的父親、失落的兒子》**（*Absent Father, Lost Sons*，暫譯），書裡說的是成長過程中，父親的缺席所帶給兒子終其一生的遺憾與影響。

我不知道S是否可以理解這個孤單的「小男孩」，但我試圖想讓他理解，我期待，S對這個小男孩也可以有同理心，並去貼近自己的「內在小孩」。

我指著對面椅子上的抱枕，對S說：「想像一下，如果這是十歲的你，這個小男孩他從來沒有給父親抱過，你願意抱他一下嗎？」

順勢，我拿起抱枕，輕輕遞給S，他接手，但猶豫了很久，才將它擁在懷裡。

我請S輕輕閉上眼睛，然後，輕輕地說：「請用你最大的愛，去擁抱這個十歲小男孩，去感受一下那男孩的感覺，去聆聽男孩內心的聲音，好嗎？」

當下，S緊緊地抱著抱枕，臉頰漲紅、嘴角緊閉，淚水又流了出來。

過了一會兒，我對著S，輕輕地說了一個故事：

「從前，有一個小男生，他是一個很善良的孩子，他很認真唸書、成績很好，常常拿獎學金，他拿獎學金是為了想幫家裡的忙，因為，不幸地，他有一個喜歡賭博的父親。父親常常不在家，出去賭博，欠了一堆賭債，家裡經常有人來討債，全家經常籠罩在被討債的恐懼中，所以，男孩告訴自己：『我絕對不能鬆懈，我要認真唸書，家裡才會有好日子過。』

這個小男孩很想拯救這個家，但他無能為力，他唯一能做的就是認真唸書、拿獎學金幫家裡。所以，一直以來，他都很努力、不敢鬆懈，因為家裡都靠他，一直到長大以後，他不負眾望終於當了老師，他做到了，但是，他很累了，因為他努力了很久、很久……此刻，他最想要的，是休息、是父親的擁抱。因為，父親從來沒有抱過他。」

我敘說著S的故事，當下他閉緊雙眼，淚如雨直下，雙手緊緊地抱著「小男孩」（抱枕）。

說完故事後，我停在那裡，久久。

榮格（C. G. Jung）說過：「**只有受過傷的醫生才會療傷。**」在他的書裡，曾說：「要是醫生的個性強如盔甲硬梆梆時，他是沒什麼作用的。我認真看待我的病人，我或許也會遇到像他們遇到的棘手問題。有時，病人正好是醫治醫生痛處的一帖良藥，醫生也會遇到困難的困境，更準確地說，這種情境是專門為醫生而產生的。」（《榮格自傳──回憶・夢・省思》（*Memories, dreams, reflections*），頁183）

其實，每個人都受過傷的。榮格的提醒，讓我覺察到自己之前也是「硬梆梆」的人。還好，這幾年透過故事敘說，叫我可以面對自己的傷，並讓我的生命變得柔軟許多。於是，在我的傷裡，讓我得以進入他人的傷，去療癒他人。

此刻，進入S的生命故事裡，我同理著他與他的內在小孩，透過冥想與故事敘說，讓他重新去擁抱自己內在孤單的小男孩，這是很美的故事療癒。

5. 打蟑螂記

諮商歷程中，重要的不是你說了什麼，
而是你做了什麼。

——亞隆

再次與S晤談，已經是兩個禮拜之後的事。

因為上次晤談的突破，讓我對這次晤談充滿了期待，我想，當我再遇到S時，我會想知道他上次晤談之後的感想，同時，我也想知道，這兩個禮拜他過得如何？是不是有新故事發生？對於他的到來，我突然很期待。

一如往常，S準時走進諮商室，坐定，看著我，表情依舊尷尬。

「這個禮拜過得如何？」我先開口。

清清喉嚨，S慢慢地說：「上次談完剛開始幾天，心情有點沉重，比較安靜不想說話。」

然後我看著他，沉默，等著S繼續說下去。此刻，我想要改變我們的互動方式，我不想再那麼主動，或許，S也沒我想的那麼被動。

一陣沉默後，S繼續說：「有時候，我會呆坐在沙發裡想著小時候的事，然後心裡浮現淡淡的悲傷，以前，我從來沒想過自己沒被父親抱過是一件可悲的事，自從上次晤談後，我才發現自己內在那個男孩其實是渴望被擁抱的，但是從來沒有過。」說著，S又紅了眼眶。

很高興S開始能靠近並同理自己的內在小孩了，這是療癒的第一步。我也感覺自己越來越靠近S。

「面對那個孤單的小男孩，你會想做什麼？」

「我會想去抱抱他，抱著你上次借我的抱枕，然後去跟那個小男孩說說話，告訴他：你已經很不錯、很努力了。」

「當你這樣做，這對你的意義是什麼？」

一陣沉默後，S緩緩地道：「我從小到大，從沒有被肯定過，我的父母、家人，永遠都在否定我……」此話一出，我更加明白了他的自卑。

「上次晤談中，除了讓你發現自己內在那個小男孩，還有什麼讓你印象深刻的嗎？」我繼續問。

S沉思了好一會兒，然後看著我，竟然給出這個答案：「你打蟑螂。」

我愣了一下，想說我是不是聽錯了。

「你再說一次？」我再次確認。

「你打蟑螂呀！」S重複著。

喔，我記起來了，在上次與S晤談中，確實有一隻蟑螂出現。那時候，正當S說自己的童年故事，眼眶噙著淚水時，S的眼神突然飄到我的右上方，出現一絲驚恐的表情，然後用手指給我看。我轉身向後看一眼，原來一隻大蟑螂，就在上方冷氣孔附近。

我看了一眼，立刻轉回來，對S說：「沒關係，你繼續說。」我不想讓那隻該死的蟑螂，阻礙我聆聽故事的興致。

五分鐘後，S的表情又更加驚恐了，再指指我的左後方，我很快的轉頭，看見那隻蟑螂，就在離我不到三十公分的牆上，那一刻，我幾乎是毫不猶豫、「連續反射動作」，拿起地上的脫鞋，往牆上一打，「啪」一聲，蟑螂立刻落地。然後，我又立刻轉回來，若無其事地對S說：「好了，請繼續說。」

這個打蟑螂的歷程，如此自然、連貫，乾淨俐落。

現在回想，還真好笑哩。嗯、這是一個有趣的畫面。

但我很好奇S怎麼看待這件事的？「為什麼這件事讓你印象深刻？」我問。

「因為你打蟑螂的動作，是那麼乾淨俐落、義無反顧，彷彿牠阻礙了我們說話，而你『排除萬難』也要聽我說故事，這讓我很感動。」S說。

排除萬難？

我很訝異S對於我打蟑螂這件事竟然做如此解釋。

確實，那隻該死的蟑螂，什麼時候不出現，就偏偏在S要講故事時出現，我是被打擾了，很不爽。就好像你在家看一部很棒的電影DVD，剛好情節進入高潮時，偏偏有人來按門鈴，令人很掃興一樣。

然後，我繼續問S，當他認為我是「排除萬難」地想聽他說故事時，這對他的意義是什麼？

「從來沒有人這麼認真地願意、想聽我說話呀。或者說，我很驚訝有人竟然對我所說的話，感到興趣。」S說。

「喔，當你經驗到有人對你的故事有興趣、而且願意排除萬難想聽你說話，這對你的意義又是什麼呢？」我繼續問。

「這表示我很重要啊！」停了一下，S接著說：「**第一次，我感覺自己很重要。**」

這樣的回饋，大大地出乎我的意料，叫我吃驚。

我本以為，S最感動的應該是上次最後我讓他做的冥想，在冥想中，我讓他與內在小孩的接觸對話；或是，晤談最後我對S所做出的精闢詮釋。記得，那時我跟S說：

「如果你無法去感受自己、接觸自己內在的小孩，你跟自己的距離就永遠遙遠，當你無法靠近自己，你就無法靠近別人，或許，這也是你說你沒有朋友，無法與異性建立親密關係的原因吧，你覺得呢？」

對於這個洞見，我有點沾沾自喜。我想，如果S也可以看見，必定受益良多。但沒想到，令他印象最深刻的竟是：我打蟑螂。

這讓我想起亞隆在《生命的禮物：給心理治療師的85則備忘錄》（*The Gift of Therapy: An Open Letter for a New Generation of Therapists and Their Patients*）一書中曾說：「治療中有幫助的，是與彼此的關係有關的事，這些常常是與治療架構無關的行為，或是治療師生動展現出一致性和在場陪伴的情形。」

亞隆在書中舉了一個自己的例子。有一次，他去外地旅行時，剛好經過某個案主居住的城市，於是順便打了一通電話去問候他，那時案主剛好處在一種情緒低潮的狀態，因為這通問候電話，讓他在當下感到溫暖與被支持，同時也幫助了他度過低潮。這是案主後來告訴亞隆的，讓他感到好驚訝。

亞隆在書中又講了另一個例子：他的同事告訴他，一位身為舞者的個案在治療結束時告訴他，在治療中，對她最有意義的行動，竟然是他曾出席觀賞她的舞蹈發表會。是啊，每個人都希望被看重的，不是嗎?原來，被認為「我很重要」，這件事本身就具有療癒的意義了。

有五十多年豐富心理治療經驗的大師亞隆這樣告訴我們，而現在，我的個案S也這樣跟我說，回想自己這二十年來的諮商經驗，確實是如此。

或許，這就是亞隆說的：「**在諮商過程中，重要的不是你說了什麼，而是你做了什麼。**」只有生命，可以抵達生命，敘事裡強調「禮敬」生命，就是如此吧。

6. 這樣的寂寞，有誰懂？

既然得不到父母的愛，
我們只好學會愛自己了。
自己給自己愛，這件事，是每個人的責任。

昨天一位個案告訴我，上週的清明連續假期，他每天渾渾噩噩的，不知道自己要做什麼，過得糟透了。

他說，那幾天都窩在家裡打電玩，一直打、一直打、打到累為止，才去睡覺。睡醒，再打。他受夠了這樣的自己、也受夠了這樣的生活，但卻又無力改變。

聽他這麼說，我好心疼。我問他：「為什麼不出去找朋友呢？」

他低著頭，沮喪地說：「我沒有朋友，我不知道要找誰？」

然後，他突然忿忿地說：「為什麼有些人，隨便在臉書上寫個什麼，馬上就有一堆人按讚？」

「你很羨慕？」

於是，那天開始，他不再信任任何人，他把自己的情緒關起來，他開始怨恨老天爺，為什麼要給他那樣的父母？他更怨恨這個世界，他覺得別人都比他幸福，覺得上天對他不公平，所有的人都對不起他。

這就是他憤世嫉俗的根源，你瞭解嗎？

聆聽他的故事，叫人心驚又心疼。同時，也叫我陷入一種無助的狀態，老實說，我也不曉得該如何幫助他。

當下，我能做的，就只是傾聽、傾聽，試著貼近他的忿恨與寂寞。然後，心裡不斷地默唸著：「對不起、請原諒我、謝謝你、我愛你。」

最後，我告訴他：「雖然你放棄了不再想要從父母那邊得到愛，但至少，讓我感動的是：你並沒有放棄自己。」

案主怔怔地看著我。不解。

「如果你也放棄了自己，那麼，你就不會來找我諮商了，不是嗎？我很感動，你每次都準時到，可見，你很看重這件事。而且，更讓我感動的是：每次你在我面前都表現了最真誠的自己，你從不遮掩，我想，如果你在外面也可以這樣跟人講話的話，朋友一定不少。」我解釋著。

他突然身體往後傾，若有所思。

然後，我有感而發地繼續說：「**既然得不到父母的愛，那我們只好學會愛自己。自己給自己愛，這件事，是每個人的責任，而你，已經開始做了**，不然的話，你不會想來找我談話的，不是嗎？」

聽我這麼說，第一次，他濕了眼眶。

會談完畢，我站起來，走過去，給這個年輕人一個輕輕地擁抱。在那一刻，他身上的刺，不見了。

他變得好柔軟、好柔軟。

然後我問他：「這個結果是誰造成的呢？」

P一向很能反思。但這一次，他搔搔頭，不解。

我只好解釋：「你想贏他們，難道他們就應該坐以待斃，讓你贏嗎？如果是你，你會坐以待斃讓別人贏你嗎？是誰一開始，那麼看重輸贏？是誰帶出輸贏的殺氣的？」

「是我嗎？」

「難道不是嗎？如果你不想贏，幹嘛要花那麼多時間，偷偷『練功』呢？」我說。

「哈，對喔！」P承認，自己也笑了出來。

「**所有外在的發生，都是從我們自己內在先發生的。**」我跟P解釋：「他們卡你，是因為不想讓你贏，甚至想贏你。這個贏的念頭，最早是從你這邊先『發出去』、你這邊先開始的，不是嗎？」

「**所有你給出去的東西，都會回到你身上。不偏不倚。**」我繼續補充這個靈性法則：「你處心積慮想贏別人，別人自然也處心積慮想贏你，不是嗎？」

P若有所思，不解，繼續辯解著：「但我在乎的不是輸贏，最讓我生氣的是他們使小動作、卡住我，聯合欺騙我啊。」

「是嗎？用你剛剛的話：你說他們『欺騙』你，那你要不要看看，是不是你的內在有一個你，他先欺騙你自己呢？」我問。

P搔搔頭，更加不解。

我於是提示：「想想看：你好幾個晚上不睡覺，上網完桌遊，真的是閒閒沒事、只好練功嗎？」我問。

「沒有啦，其實我要段考了，很焦慮，不想念書，所以才上網……」P很誠實地回答。他是大學生，但有網路成癮問題，跟我談了好幾次。

「你看，是你自己先欺騙自己在先，藉著上網玩遊戲來逃避自己要考試這件事的，不是嗎？」

P恍然大悟，大叫：「對喔！」

這是我上週接個案的故事。接著，我與案主一起討論關於他考試焦慮這件事，談得很深入，P很有反思。談完後，我跟案主都很開心。這次晤談跟我過去的風格很不同，但感覺很流暢、很有能量。

類似像這樣對P的諮商方式，我後來又試了幾次，發現都可以幫助案主做深入的覺察。「**所有外在的發生，都是從我們內在開始的。**」往內看，答案就在自己身上。

還有一位個案因丈夫外遇來跟我談，每次談到先生都很生氣，一開始我讓她內在

8. 尊重自己的感覺

一個懂得尊重自己的人，才能做到尊重別人。
你不能給別人你身上沒有的東西。
實踐尊重，從自己開始。

三月的春天，百花盛開，這是一個很有生命力的季節。我喜歡在這個季節開始私塾的課程，在這樣的花開季節，透過說故事、重寫生命故事，生命就會像花開一樣，很美。

昨晚是第一堂課，初次見面，大家都很緊張。但一旦給出故事後，距離馬上迅速消失，故事拉近我們彼此。不到幾個小時，下課後，大家突然像老朋友一般，依依不捨。

今天早上收信，立刻收到昨晚私塾成員美如給大家的來信。她寫著：

大家早安，我是美如。

首先，我想先針對老師昨天對我的尊重表達我的感謝。

昨天，我真的是太累了。

從去年到今年，因為多重的角色，讓我一天二十四小時，幾乎沒有自己的時間，加上平時的工作就是傾聽家暴受暴者的故事，讓昨晚的我幾乎累到不想說話，就只想就這麼靜靜地，跟自己在一起。

所以，昨天的我，第一次如此大膽地敢拒絕老師的邀請（老師要我們分組分享故事時）。呵呵，這打破了我一直以來，想要當乖學生的規條（框框）。

後來，我靜靜坐在那兒，享受著自己與自己對話。

在那一刻，我好安靜，也終於可以休息了。我很久沒這種平靜的感覺。

於是，就在那個當下，我竟撞見了多年不曾哭泣的自己。（這故事留待有機會再跟大家分享）

在安靜地與內在自己相遇的那一刻，很陌生、也很感動。突然，我流淚了。

回去的路上，我慢慢走回家，第一次感覺到自己的腳是踏在地上的，心裡出現一種許久未曾出現的安穩。

此刻，我很想跟大家說：感謝你們昨晚的陪伴。

收到這樣的信，很感動，也讓我安心。本來，我是有點擔心美如的。

昨晚，到底發生了什麼事呢？

是這樣的。每次私塾課上，當每個人寫完自由書寫之後，我都會邀請大家站起來，然後找一個人彼此分享自己的書寫並說故事。昨天，當大家都找到了分享夥伴時，只有美如一人還站在中間。當天人數是單數，我以為她找不到人配對，善意地跟她說：「妳可以找其中一組加入，沒關係。」但她猶豫了一下，回我：「我可不可以不要跟人分享，我想自己一個人就好。」

我一聽，愣了一下，馬上回：「好，可以的。」

這是頭一回，在私塾裡有人不想要分組分享故事。

當下雖然有點訝異，但我也毫不猶豫地答應她。因為，「尊重」是我的價值，我想尊重她的決定，雖然當下確實有一點被拒絕的感覺，但老實說，我並沒有不舒服。

當中，我只是擔心：在大家彼此熱烈分享的氣氛裡，會不會叫一個人坐在那裡的美如，更加感到孤單、不自在。這是我唯一的擔心。

顯然，我多慮了。

當早上收到這封信時，讓我很感動，也大大地放心了。

於是，我立即回信告訴美如：「**我很欣賞妳懂得尊重自己的感覺。**」

我跟她說，如果是我，我會為這個故事命名為：「**第一次敢拒絕老師，先照顧自**

己的美如。」在每個行動裡，給予「命名」，就更能彰顯自己的動能與行動的意義。這是敘事的做法。

我真的很看重美如這次的「新決定、新行動」，這是照顧自己、愛自己的方式，沒錯。

這個故事代表：美如開始回到自己身上、聆聽自己的聲音、自己的需要。這件事很重要。這是尊重自己、愛自己的表現。我很高興美如做到了。

當她可以尊重自己，不要委屈自己帶著疲憊的身心、勉強去聽別人講故事時，其實，這也是對別人的一種尊重，不是嗎？當你沒有能量、身心疲憊時，是無法做很好的聆聽的，請相信我。

一個懂得尊重自己的人，才能做到尊重別人。你不能給別人你身上沒有的東西。實踐尊重，得從自己開始。我很感謝她寫這封信給我，在她表達我對她尊重的感謝的同時，其實她也用這種方式在尊重我，這讓我很開心。尊重是互相的事，學會尊重，是從自己被尊重開始。

我常說，私塾是一個「修練道場」。在這裡，我們一起在修練：「**真誠做自己**」。別以為這件事很容易，不，不容易的。

尊重，也是私塾裡我最看重、最要去實踐的一件事。而且，這件事從我開始「以身作則」。

第一次上課，美如就實踐了「尊重自己」，這是好的開始。

下次上課時，我一定要把這個「尊重自己」的故事，好好再說一遍。最好的學習，就是在日常生活的互動中，私塾裡，我們就是這樣在學習的

9. 早知道是作夢，就早點醒來

在死亡面前，所有的恩恩怨怨，
都會變得如此渺小、微不足道。
死亡是最好的老師。

昨天私塾，一位學員跑來問我：「你認識一位做家族排列的W老師嗎？」

我回她：「認識啊。」

「聽說他上禮拜走了。是嗎？」

啊，好訝異，「怎麼這麼快？」

我跟W不熟，但他上過我的工作坊，因此認識，他是一個很有反思、很慈悲的老師。

這幾年很流行家族排列，常有學生問我哪個老師帶得好，要我推薦。我知道家族排列是很有power、很靈性的課程，帶領者很重要，不然會有後遺症，通常我都不敢亂推薦，但如果一定要我推薦，我大概會推薦W吧。

半年多前，聽說他去醫院檢查，竟然得了大腸癌，而且是末期，叫人吃驚。

後來，在他的臉書裡，看到他寫了文章，記錄自己面對癌症、做化療的心情與反思，我很佩服他的勇敢。是啊，這種事要能如此坦然面對，還敢公開跟大家分享，這需要多大的勇氣與智慧啊。

最後一次知道他的訊息，是半年前他住院開刀，之後，就再也沒有W的消息了。直到昨天。

說來奇怪，怎麼最近我老是經常想起W曾在臉書上分享的一個故事，於是這幾個禮拜私塾或工作坊上課時，我就一直分享給學員聽，大家都聽得感觸良多。

這個好故事的大意是如此：

有一天晚上，W作了一個夢，夢見自己出國旅行，但行李卻在機場弄丟了。

當下，他好焦慮、好著急，跑去跟機場職員理論，但機場的人卻不理他，他更生氣了，於是對著機場的人發飆、咆哮，然後爭吵了很久、很久，吵到他聲嘶力竭、累了，但也終於醒了。

醒來的片刻，他覺得好累，突然發現：原來自己是在作夢。然後，第一個念頭是：「還好這是作夢，不是真的。」

但緊接著，第二個念頭卻冒出來：「唉，早知道是作夢，就不要跟人家吵這麼久。好累啊。」（哈，白吵了。每次說到這一段時，我都會一直笑、一直笑）

但緊接著，第三個念頭又跑出來叫他心驚：「**其實，人活著，不也是如夢一場嗎？**」

不知道怎麼了，我好喜歡這個故事。

這真是一個美好的領悟。沒錯，人生如夢。

如果我們可以時時這樣提醒自己，人生如夢幻泡影，我猜，很多事我們就不再會計較了，不是嗎？如果我們知道這一切都是幻相，你所擁有的一切都不是你的，我猜，我們就很快可以放手、不再執著了吧。

但要從紅塵俗事的枷鎖與紛爭中，醒來，放手，真不容易，這是修行啊！

難道不是嗎？人活著，我們所計較的一切，所掠奪與擁有的一切，到最後，不都是一場空？到了死亡的那一刻，棺材裡裝不下你的財產、名聲、子女，一樣你都帶不走，不是嗎？

W的死讓我感觸良多，人生美好的一仗，他已經打完了，願他可以安然地在天國裡，不再爭執、不再煩惱，安靜地做一個幸福的天使。

於是，有感而發地，我問私塾夥伴們一個問題：

「如果你知道你的生命還剩下一年，請問你還會這樣過日子嗎？請問最近那些讓你感到傷心、難過、憤怒的人或事，你還會那麼執著嗎？」

這是一個好問題。

在死亡面前，所有的恩恩怨怨，都會變得如此渺小、微不足道。

死亡是最好的老師，這是我們昨天在私塾裡，最大的體悟。

感謝W給我們的禮物。

然後，今天早上醒來，我突然有個靈感，很想把W的故事寫出來，放在臉書與部落格跟大家分享。因為這真是一個難得的好故事。

接著，那一整天，好多人留言給我，告訴我這個故事有如「及時雨」一般，幫了他們大忙，這故事剛好對自己最近的處境給出最好的提醒與棒喝。到了晚上，臉書上已累積一百多個讚，部落格的點閱率也比平常超過好幾倍。

晚上睡前，當我躺在床上，突然感到一股莫名其妙的安穩。這份安穩，來自W的故事分享，還有這故事帶給大家的療癒。然後，我突然好感恩，心裡對著W說：「感謝你，謝謝你留下一個好故事給我們。」

當下，我深深領悟到：**一個人走了，他什麼也帶不走，什麼也無法留下，久了，所有的人都會被遺忘的。然而，唯一可以留下的，就是故事。**

透過故事，讓我們記起了這個人，也記起他帶給我們的生命智慧。

故事，大概是唯一我們可以留給後人的最佳禮物。這是我從W身上得到最大的學習。

（謹以此文悼念吳文傑老師）

10. 偏見無所不在

你不得不承認，這個世界充滿了偏見。
常常，我們不是把人看得「太大」，
就是把人看得「太小」。

這一期的高雄私塾，來了兩位出家師父。

這幾年，參加私塾的朋友來自各行各業，什麼角色都有，見怪不怪。我喜歡這樣多元的生命交流，如此更加豐富我們每個人的生命。我始終相信，所有會來到私塾的人，都是我們彼此靈魂的召喚，目的是要我們在彼此的生命裡，看見自己，相互療癒。

但私塾裡出現出家師父，還是頭一遭。對於師父的到來，我有點期待，但也保持平常心。

開課前，我跟在私塾中一起工作的林老師說起這件事，想知道他的反應。還好，他也是平常心，只是淡淡地說：「很好啊！」

林老師也是一個奇特的人。

他是天生的修道人，熱衷於探詢人生真理，他的上半生花了很多時間在宗教裡頭翻滾，曾探訪過大大小小的廟宇，見識過各式各樣的大師、法師，甚至還曾經出過家，但後來，經歷了一些事，讓他赫然頓悟：「上師不在外面，上師原來就在自己裡面。」很多人想在信仰裡找尋自己，最後卻是「有了上師，沒有了自己」，這是信仰上最大的矛盾。

頓悟後的林老師，還俗了。他回到人間，也回到自己身上，放下執著，不再向外追尋，轉而「向內」，往內在去找自己的靈性大師。

這是多美的領悟呀。

我知道還有多人正迷失在宗教的叢林裡，東抓西取，還是靜不下心來。他們忘了，信仰的目的是在幫助我們清明覺知，但人卻往往過分仰賴權威、盲目尊崇大師，而忘了修行的初衷，忘了回到自己的心裡去看見。切記，佛不在外面，佛始終都在自己的心裡。上帝也是。

第一次私塾上課，依照慣例我都會前一天下高雄，跟林老師一起打掃、清理私塾所在的寂園，透過清理，我們讓寂園保持在最佳的能量狀態，好迎接明天的「貴客」，也就是私塾成員。同時，這也是我與林老師實踐對生命禮敬的儀式。

我很喜歡這個迎接生命的「儀式」，透過這個清理的過程，我們也在幫自己「準備好」。成為人師，把自己準備好是必要的。

清晨，陽光普照，灑掃完畢，我在面對蓮花池的窗戶前打坐，讓自己靜心。然後學員們陸續前來。多數人是第一次來上課，當然各個都很緊張，這很正常，但是，當他們一踏進寂園，跟這裡的花草、竹林、木造建築、優雅擺飾接觸以後，很快地，心就安了，人就放鬆了。環境對人的影響真的很大。

人到齊，就定位，我敲了一聲鐘（磬），表示：開始了。當下，悠揚的磬聲，把每個人的心帶到此時此刻，我很喜歡這樣的開始儀式。

首先，我先致詞歡迎大家的到來。「這是彼此靈魂的召喚。」我依然如是說。「在這裡，我們學敘事，其實就是在學習如何過生活、讓自己活得像一個人、活得輕鬆自在。」我又說。

接著，我分享了自己的心情：「這一期私塾出現了兩位法師，我這幾天一直在想，如果這一切都是靈魂的安排與召喚，那這次出家師父來到我們面前，上天是要我們學什麼呢？然後，昨天傍晚，當我在寂園庭院的草地上掃落葉時，面對溫暖的夕陽、清風徐拂，心裡頓時冒出這句話：**『眾生平等。』**」

對呀，敘事的「尊重」，其實就是實踐「平等心」，不是嗎？

最後我提醒大家：「別忘了，出家師父也是人喔。」當我這樣說時，大家哈哈大笑。

廢話，出家師父當然是人。但這個廢話不得不提醒，不然，人常常會有偏見，我們只會看見外面的「袈裟」，卻看不見「人」。

你不得不承認，這個世界充滿了「偏見」。常常，我們不是把人看得「太大」，就是把人看得「太小」。

當這個人有地位、權力、財富、學識（如官員、富商、教授、法師）時，我們就不自覺地把這個人「抬高」一點。但如果這個人，沒錢、沒地位、長得不好看、俗氣，我們就理所當然的，去貶抑、看輕這個人（如乞丐、流浪漢、工人）。如果沒有覺察，我們經常會如此，不是嗎？儘管我們都知道「平等心」很重要。

美國ＡＢＣ電視網有一個知名的節目叫「你會怎麼做」（What would you do），我很喜歡這個充滿人道的節目，裡面的影片經常被我用來做敘事教學，幫助大家覺知自己的偏見。

每次節目中，他們都會在現實生活安排一些「情境」，看看人們會做什麼反應。

例如安排一個流浪漢到餐廳裡用餐，並讓餐廳職員去羞辱他、趕他出去，看一旁用餐的人會如何反應？或是有妥瑞症孩子的家人在餐廳裡用餐，當孩子發出怪聲音、奇怪舉動時，看看一旁用餐的客人會做什麼回應？另外還有一個我很感動的情境是：一位女同性戀者在婚紗店試穿禮服，當她找到一件很喜歡的禮服正雀躍不已時，卻當場被歧視同性戀的店員給拒絕，要她脫下禮服，當中，有個客人看見後立刻憤而轉身離開，不想在這家婚紗店消費了，甚至還有人當場替這位女同性戀者感到叫屈、落淚。

這個節目擺明了就是要叫我們看見：**人的偏見，無所不在。這是叫人受苦的原因。**

每次情境雖然不是每個人都能挺身而出，為弱勢者發聲，但是，每次只要有人願意挺身而出時，都叫我感動到熱淚盈眶。**原來，慈悲心、平等心是一種日常的生活實踐，就像呼吸一樣平常，它不是口號、不是道德、更不是宗教。**私塾裡，經常也創造各種情境，好讓我與我的學員一起去學習這件事。就像這次師父的到來，即是如此。

是的，出家師父也是人，他們也有悲傷挫折，也有喜怒哀樂，他們也會流淚，有時也跟我們一樣脆弱。唯有打破既定印象與偏見，於是我們才能真正看見「人」，這是私塾裡活生生的平等心實踐。

11. 不用改變，於是改變

生命充滿弔詭，
你越想要改變的，越是改變不了。
當你不再強求改變，接受自己就是這樣時，
生命於是改變了。

有一天，我在一本書裡，看到某個靈性大師寫著：「靈性老師只做三件事：第一、也是最重要的一點，他們會聆聽別人說話；第二、他們會問問題；第三、他們會講故事。」

當看到這段話時，我心中大喜，心想：「這不就是敘事諮商師所做的事嗎？」是呀，上課時我經常會說，敘事治療其實只在做這三件事：**聆聽故事**、**說故事**、**及回應故事**（就是問好的問題）。只要能做好這三件事，你就是在做敘事，同時也就能幫到人的忙了。

在我的上一本書《故事的療癒力量》裡，我花了很多力氣與篇幅就是在講這三件事。生命之道，藏在故事中，所以你得聆聽。如同某位大師說的：「**人與真理之間最**

大的距離，只差一個故事。」所以，除非聆聽故事、說故事，不然，你無法「抵達」他人生命，去領略生命的真理與智慧。

確實，敘事諮商最注重的：就是聆聽。

但敘事裡聆聽故事的耳朵，不是一般「問題解決」的耳朵，問題解決是一種理性的思維，但敘事裡，我們不分析、不批評、不論斷、不指導、不建議，敘事的聆聽，是一種「全心全意」的生命投入。但要如此全心全意是不容易的，我發現：這跟一個人的生命狀態是否夠安穩有關，只有安穩的生命，才能全然投入、靜心聆聽。

這些年，透過靜坐、書寫，讓我張牙舞爪的生命得以漸漸安歇，這是我安穩自己生命的方式。

於是這幾年，在更多的臨在與安穩中，我的生活與工作，漸漸有了轉化。

就拿上週的諮商故事來說吧，它讓我確認一件事：安靜的聆聽，就是療癒。安靜，帶出一種巨大安定的力量。

那一天，A第一次來找我晤談。當A一進來，我馬上感受到她內在有很大的悲傷與憤怒，她紅著雙眼，顯然剛哭過，或許已經好幾夜沒睡覺了。

我邀請她坐下，看著她，給出溫和的眼神，緩緩地做出邀請：「想跟我分享什麼故事嗎？」

在那個當下，我讓自己的身心保持放鬆、開放、安穩、臨在。

多年來，我發現：只要我像這樣把自己準備好，就可以把自己變成一個「厚厚的軟墊」去承接別人所有的一切。不管它是悲傷、憤怒、沮喪、挫折、罪惡感、自責，通通可以被穩穩地接住。如此，也正是A此刻的需要。

當下，我看著她，不說話，讓大腦停止運作，讓自己處在一種「無我」的狀態，不管言語上或腦袋裡都不要出現任何評斷、分析。我只要：安靜、聆聽就好。（這很難，相信我，我學了很久）

然後，A迫不及待地開始說，急促的話語，有如大雨奔騰般直直落，稀里嘩啦的，情緒徹底宣洩。

「我這麼愛他，他怎麼可以這樣對待我……」A大吼著。

原來，有一個她愛的人背叛了她，讓她傷心欲絕，A怨恨對方、也怨恨自己，在深深的怨恨裡，A否定人生，也否定自己。

她滔滔不絕發洩了五十分鐘。我一直聆聽、一直看著她。漸漸地，龐然大雨、變成了小雨，她的聲音越來越緩、身體也越來越鬆，最後，雨停了。

突然間，A停下來，看著我，說：「其實我很傻，對不對？明明早就知道他已經不愛我了，卻一直在自欺欺人，與其說他欺騙我，不如說，是我自己欺騙我自己，是嗎？」說完，A的眼神裡，出現雨過天晴的清朗，臉上的線條也柔和許多。此刻，生命裡出現了一道彩虹。

然後，我跟她說：「我很欣賞此刻妳對自己的誠實覺察，這是很痛的領悟，沒錯。能有覺悟，這就夠了。」然後，我依然安靜地看著她。

時間到了，她欠身跟我道別與道謝。臉上，多了一些平靜。

下次再見面時，A的心情雖然還是陰天，但已經不再下大雨了。

坐下來，她對我說：「上週談完後，我一個人在街角的咖啡廳坐了許久，後來又去看了場電影，心情突然變得好平靜。那晚，我睡了一個好覺，是這幾個月以來，睡得最香甜的一次。醒來後，我領悟到過去從來沒有為自己好好活，我都是在為別人而活，我感到有點悲哀。我還是很痛苦……」然後，我繼續在深深的安靜裡，聆聽她的痛苦與覺知，並接受她目前的狀況，不認為她需要馬上改變什麼，她只要能覺知自我、跟內在的自己有連結就好了。

跟A的晤談，讓我深深體驗到：用心智腦袋聆聽，與所謂「回到大我」裡的聆聽，差別在哪裡？我承認，過去的我，也經常停留在腦袋裡的心智運作，我很難安靜、很難放空，我一直想要「有所作為」、操控一切。

這幾年的敘事學習與靈性操練，讓我漸漸明白了聆聽的真諦。**聆聽不是用腦袋去思考，它是一種內在的靈性運作，在深深的聆聽裡，展現了一種無為與全然的接納。我相信，接納就是愛。**

於是我突然想到《零極限》裡，伊賀列卡拉．修．藍博士說過：「治療師不管用什麼學派、什麼取向都沒關係，重要的是：你愛那個人（案主），因為他是你的一部分，而你的愛能幫他清除、清理，清淨他生命裡啟動的負向記憶。」伊賀列卡拉．修．藍博士也是一個重視聆聽的人。

此刻，這又讓我想起某本書裡的一個故事：

「多年來我一直有精神方面的困擾，焦慮、沮喪又自私，我認識的每一個人都不斷要我改變，我厭惡他們，但又不得不同意他們是對的。我想改變，但就是做不到，不論我做了多大的努力。

傷我最深的是我最好的朋友，他跟其他人一樣，一直強調我需要改變。我覺得很無力，像困在陷阱中的獵物。直到有一天，另一位朋友竟然對我說：『不要改變，我愛你現在這個樣子。』這句話對我而言就像悅耳的音樂——『**不要改變，不要改變，不要改變……我愛你現在這個樣子。**』我整個人輕鬆了下來，我活了過來。突然間，我改變了。

現在我知道了，除非我知道有人不論我是否改變都一樣愛我，否則我是無法真正改變的。」

我愛極了這個故事。

是的，**生命充滿了弔詭，你越想要改變，就越改變不了，而當你不再強求改變，並接受自己就是這樣時，生命於是改變了。**

生命其實是無法用意志操控的，於是，我又想到余德慧老師講的「自然療癒」。後現代強調的自然療癒（nature healing），是一種非刻意的心性自然轉化。他說：助人者不能用自己的意識去「介入」、「干涉」案主的生命，這種有目的的操作及想要改變別人的「助人意識」，有時，反而會適得其反，幫助不了他人。

我很同意這個說法，這些年我的助人理念也漸漸通往這種「無為」。**這個無為，不是不作為，反而是一種接納生命的大作為。**

對待生命，有時我們得有這種「坐看雲起時」的清靜無為，讓一切在自然中發生，並以平常心視之。

這種自然的不作為，幫助我在面對人的悲苦與病痛時，可以用「**迎接**」的態度去理解它、並與之同在。如此，取代了過去傳統醫學或心理治療的積極作為，我不再急著想要去「治療」個案，或想要對症狀「除之而後快」。如此，我的諮商工作也變得自在、輕鬆許多。

在無為中的我是放鬆的，這讓我更能與生命同在。在無為裡，也讓我得以安靜，進入深深的聆聽，聆聽上天的旨意。或許，這就是海德格所說的：**我們能做的，只有沉默，聆聽召喚（listen to the calling）。**

好一個沉默，「聆聽召喚」。這幾年，我的生活、我的敘事靈性工作，其實就是在做這樣的操練。

【後記】

故事最終回：擁抱不完美，與自己和解的時刻

故事說完了，真開心。

交完稿的那一刻，我心裡出現極大的平安。然後，我先去游泳，再到公館吃一碗豐盛的南瓜海鮮拉麵，接著去逛誠品書店，我終於恢復了日常一般無所事事的輕鬆生活。

我喜歡說故事。但說故事這件事很矛盾，它既耗能量卻又補充能量，怎麼說？因為說故事時你得誠實面對自己，要面對自己的不完美，這件事是很耗能的。但是，當你願意真實面對自己的不完美，把自己認回來時，這卻又會帶給你一種完整的存在感，當下，人立刻充滿能量與生命力。

那一晚在誠品，我買了一本好書《死過一次才學會愛》（*Dying To Be Me: My Journey from Cancer, to Near Death, to True Healing*）。光看書名就吸引我。沒錯，每說完

一次故事，我都覺得自己像是「死過一次」一樣。喔，原來我內心的平安是這樣來的。

「置之死地而後生」，說故事常教我有這種重生的感覺。**每說完一個故事，就認回一個真實而不完美的自己，這等於是把某個虛幻完美的自己給「賜死」一樣。**每死過一次，於是就活出一個新的自己來，這就是故事「重寫」。

《死過一次才學會愛》這本書是真人真事，作者艾妮塔．穆札尼（Anita Moorjani）描述自己罹患癌症的歷程與心情，故事很生動，她把面對癌症的恐懼通通認回來。為了專心抗癌，她辭去工作，遠赴印度、中國，向宗教僧侶、印度瑜珈師尋求療癒之道，但終究還是失敗，因為她始終過不了「恐懼」這一關。最後在醫院，她器官衰竭陷入昏迷，最後宣告不治。然而在搶救過程中，她來到了另一個世界，在那裡，沒有時間，只有滿滿的愛，她感覺自己「回家」了，覺得自己與宇宙萬物是一體的（這是很多瀕死經驗者的共同經驗）。最後出於自由意志，她選擇重返人間，於是她又復活了，不但如此，幾天後，身上的癌細胞竟全部消失、不藥而癒。神奇吧，簡直是奇蹟，你相信嗎？我相信。在故事療癒裡，生命到處充滿了奇蹟，我經常在見證奇蹟。只要你敢面對自己的恐懼與傷痛，坐下來，好好說故事，就會有療癒，奇蹟就會出現。

那本書封面寫著：「為了把過去的自己愛回來，我選擇回到人間。」看到這句話時，我馬上聯想到自己這本書，於是心裡冒出：「**為了把過去的自己認回來，於是我選擇說故事。**」說故事，讓人開始學會愛自己。

艾妮塔坦言她的療癒不是來自正面信念的力量，而是因為她完全放下過去的教條、成見、掙扎，當她可以坦然面對自己的恐懼（害怕自己不夠好、怕別人不愛她），當她可以接納自己就是這樣時，她於是放過了自己，這就是「愛自己」。因為愛，使她重生。她說：若不是因為癌症，她永遠學不會這件事。呵呵，真巧，她所說的療癒歷程剛好跟我的「故事療癒」一模一樣！但現在，你不一定要去得到癌症受罪，你只要坐下來、老老實實地說故事，你就開始療癒自己並愛自己了。

愛自己就是全然地接納自己，說故事剛好就是在做這件事。

生命走到秋天之際，我越來越明瞭生命的不完美是一種必然，於是我從說故事中學習接納自己、進而慈悲待人。說完故事，我甚至體悟到：**原來，生命之所以美好就是因為它不完美。**就像艾妮塔一樣，如果她沒有罹患癌症，沒有經歷這些痛苦，她如何能去體會生命的大智慧？又如何能寫出這本書呢？

於是，我們得向生命的不完美，深深致敬。不完美是一份禮物，它是我們的老師。不完美就像蚌殼裡的一粒沙一樣，它折磨我們、叫人受苦，但卻也讓生命長出一顆美麗的珍珠來。

《擁抱不完美》這本書說了很多關於我及個案學員不完美的故事。我知道，故事總是迷人的，在當中，你會不小心看見自己。說完故事，不代表我能（或我要）去除這些惱人的不完美，不，剛好相反，**說故事的目的，是為了讓我與這些不完美「共存」**。

故事的療癒在於讓我們得以重拾生命中每個碎片，然後把它們拚起來，使生命變得完整。**這個歷程，就是自我接納，就是你與自己的不完美「和解」的過程。**和解了，人就不用天天跟自己打架，我們才可以安安穩穩地過日子。

在人生這場戲裡，觀眾是必要的。想再次感謝所有良善的讀者們，你的閱讀與回應是讓我繼續說故事的動力來源。

如果因為這本書，讓你看見了自己的什麼，而願意開始說故事、並接納自己的不完美，那就太好了，歡迎你寫信給我，與我分享你的「看見」。

最後，我想深深感謝這本書中每個故事的主角。雖然故事都已經修潤過，故事裡的他／她已經不再是「他／她」，但是，如果沒有這些朋友的故事當基底，我是無法寫出這一篇篇動人故事的。一人故事，眾人故事。其實這故事到底是誰的已經不重要了，重要的是，我們能夠在這些故事裡，看見自己，療癒自己，領悟人生。

當然，我也要衷心感謝我那不完美的母親，沒有她的不完美，就沒有我的痛苦與領悟，沒有這些痛苦的經驗，就不可能有這本書的出現了，不是嗎？（哈）

今生能有幸成為敘事取向的心理諮商師，能夠好好去聽故事、說故事給大家聽，讓我感到很幸福。能這樣活著，值得了。然後，我才發覺：是「不完美」造就了今天的我，不是嗎？如今看明白了，心中既感慨又感恩。

說完故事，讓我可以用更慈悲、幽默的方式，去擁抱自己的不完美，當我不用再遮遮掩掩時，我知道：我解脫了、我自由了。

透過故事，去成就一個不完美但真實的自己，對我而言，這就是我的人間修行。

好，我的故事說完了，但屬於你的故事，卻才正要開始。

「以故事引故事」，在不斷地回應中，讓故事有了生命，也讓故事得以「生生不息」。因此，這本書最後的「附錄」裡，集結了上一本書《**故事的療癒力量**》的讀者迴響。這樣的分享不是想炫耀什麼，而是想讓大家知道：故事是有力量的；好故事是多麼可以激勵人、甚至療癒一個人。

由於回應者眾多（好感恩！），限於篇幅，只能摘錄其中「精華」，還望讀者多多包涵、見諒。同樣的，如果閱讀本書也讓你有感動與心得，歡迎你寫信給我。再次合十、感恩。

讀者如想寫信與我分享心得，請寄Email：joe.chou@ms60.url.com.tw。

【附錄】

滿滿的感動，滿滿的愛——

來自《故事的療癒力量》讀者的熱烈迴響

事實上這本書我看了好多遍，因為每一次閱讀都有不同的感觸。有時會心一笑；有時悲傷掉淚；有時慚愧自責；有時充滿勇氣。我忘不了第一次閱讀時的那份感動，讓我久久無法自已。

閱讀完畢，我開始嘗試透過這樣的「故事聆聽」來陪伴我的個案，在他們的故事裡，我經常與他們一起掉淚，那種與生命同在的感覺，真的很不可思議。後來我將這本書分送給許多自己所重視的人，希望他們也能感受到敘事所帶給我的美好與力量。

我想這本書所展現的故事魅力，只要接觸過的人，一定都會愛不釋手！

——郝柏瑋（精神科職能治療師）

教書十六年，為了提升自我及教學能力，於是考進了心輔所。
因而幸運的發現了志建老師這本心靈魔法書《故事的療癒力量》。
看完這本書，讓我更真實的看見了自己，也讓我在第五章「隱喻」及第六章「自由書寫」中，找到了教學的新法寶！
從此，我和學生們都迷上了故事，也愛上了自由書寫。
現在，我的課堂裡充滿了歡笑，也充滿了生命力。

——**陳永展（屏東縣復興國小教師）**

過去，總不想把自己的委屈、不完美攤在陽光下，
總想擁有陽光般笑容的我，其實內心裡有很多打不開的結。
直到《故事的療癒力量》這本書的出現，每個故事都直扣我心底的最深處，
現在，我知道我該面對它了，感謝這本書帶給我面對自己的力量。

——**劉晏谷**

三十多年前，我們一批教會的年輕媽媽們，有的帶著幼兒，每週在某人家裡聚會，聊聊生活上的挫折。每次都聊了三、四個小時還不想回家。那時的朋友，即使多年不見，還是非常親密。

然而老公卻對我們相當不屑，認為我們是喜歡東家長、西家短的無聊聚會。現在，看了這本書才知道，我們做的就是敘事治療，是有學術理論基礎的，得到這樣的肯定，實在太高興了。

——嘉武

志建老師總是帶著一顆善解、接納的心來聆聽、陪伴我們說故事，讓我們混亂的心得以恢復平靜、安穩。

看了這本書，我的淚水一直不斷地流，但隨著淚水，卻洩出心中的痛。每當心中感到掙扎撕裂時，我就拿起筆來，不停地寫，把心中積壓已久的憤怒、委屈、受傷、無助……通通丟出來，然後心情馬上恢復平靜了。現在，這是我照顧自己，愛自己的最好方式！

——Patricia

懵懵懂懂的遵循著既定的社會框架，歲至中年，沒有想走的路，也不知梯子是否放錯了牆？我驚覺，我就是活在金魚缸裡的魚，沒有勇氣穿牆（體制）而過，微小的力量衝不破魚缸（大環境），心靈常感到荒枯，有如無垠的沙漠。

當我閱讀了《故事的療癒力量》之後，讓我找到甘泉。自由書寫的心靈療癒……呵呵，正進行式中。

——**如樹（縣政府約僱人員）**

一開始並不以為意，因為是督導老師提議要看的書，想說是給社工員充電。結果……我真的被電到了！！！邊看邊流淚。讀完第一章，久久不能自已……「任性」這兩個字勾起我許多過往回憶：貧困的幼年生活、衝突的家庭氛圍、不被諒解的休學決定、半工半讀完成學業……一直到婚後建立一個完整的家庭、一份完整的愛，然後選擇重拾書本，進入社工的領域。

原來，我也是有故事的人。原來，我會走上社工這條路，是有故事的。

這本書使得那個曾經因貧困而飽受委曲的小女孩心靈得了安息，並幫助她更有力量走在她所選擇的人生道路上，雖然不會從此就一帆風順，但如今的她，卻更能領略

讀吧，寫吧，愛吧，擁抱人生吧，

讓我們，和志建一起好好說故事、好好愛自己。

——James Chang（**生命教練**）

我曾以為，愛和生命都終將只是傷心的總和，然而這本書像是一把鑰匙，開啟了我生命的另一扇門，讓我看見自己的故事原來還有另一種「新版本」，在新版本的故事中，我是有力量的、勇敢的，我的故事被重寫了。

——D.（**大學講師**）

去年八月底，周老師到北京開課，因為要去採訪周老師的緣故，同事給了我這本書。本想隨便翻翻就好，哪知我一看就「欲罷不能」，一直讀到深夜，一口氣讀完後，當晚我激動得熱血沸騰。

當時的我雖已在身心靈修行的路上走了幾年，但卻一直還沒找到讓我心動、想跟隨的「法門」。認識周老師後我又去上了他的敘事工作坊，那個課一樣上得我熱血奔騰。下課後，周老師對我說：「學了敘事，或許有機會可以翻轉你的人生喔。」如何翻轉？我不知道，但我的直覺告訴我，敘事療法將能與我的寫作、諮詢甚至生活做結合。慢慢地，講完自己的故事以後，我一點一滴把自己認回來，當中，也讓我看見：有一個我是如此不屈不撓地想要成為自己，我看見我做自己的勇氣，這樣的看見，叫我感動不已。

不久後，我寫出了我人生第一本小說《從傷痛中開出最美的花》。你相信嗎？這本書只花我短短的十一天就完成了。我是怎麼做到的？我完全用書裡「自由書寫」的方式去書寫的。最近，我的第二本小說也已經寫完，你看，敘事療法在我身上開出了最美的花朵。

在此做見證是想要感謝周老師，他讓我認識敘事，果然，敘事「翻轉」了我的生命。未來，我將用我的一生，繼續說故事、聆聽故事、回應故事，並用心去創造更多的好故事，衷心期待，敘事也能去翻轉更多人的生命。

——**馬冉冉（北京，身心靈作家）**

延伸閱讀

- 《故事的療癒力量：敘事、隱喻、自由書寫》（2012），周志建，心靈工坊。
- 《不完美的禮物：放下「應該」的你，擁抱真實的自己》（2013），布芮妮・布朗（Brené Brown），心靈工坊。
- 《心靈祕徑：11個生命蛻變的故事》（2009），呂旭亞、白崇亮等，心靈工坊。
- 《地海巫師》（2002），娥蘇拉・勒瑰恩（Ursula K. Le Guin），繆思。
- 《喃喃》（2012），扎西拉姆・多多，寶瓶文化。
- 《零極限：創造健康、平靜與財富的夏威夷療法》（2009），喬・維泰利、伊賀列卡拉・修・藍博士（Joe Vitale & Ihaleakala Hew Len, PhD.），方智。
- 《從未知中解脫：10個回溯前世、了解今生挑戰的真實故事》（2009），羅伯特・舒華茲（Robert Schwartz），方智。
- 《榮格自傳——回憶・夢・省思》（1997），榮格（C.G.Jung），張老師文化。

- 《媽媽和生命的意義》（2012），歐文・亞隆（Irvin D. Yalom），張老師文化。
- 《破碎重生：困境如何幫助我們成長》（2011），伊莉莎白・萊瑟（Elizabeth Lesser），方智。
- 《覺醒時刻：巴觀的合一祝福》（2011），巴觀（Sri Bhagavan），方智。
- 《回家：賴佩霞20年修行告白》（2012），賴佩霞、郭貞伶，早安財經。
- 《與神對話》（1998），尼爾・唐納・沃許（Neale Donald Walsch），方智。
- 《死過一次才學會愛》（2013），艾妮塔・穆札尼（Anita Moorjani），橡實文化。

心靈工坊 PsyGarden

Holistic 085

擁抱不完美：認回自己的故事療癒之旅
Embracing imperfection, to be yourself

作者—周志建

出版者—心靈工坊文化事業股份有限公司
發行人—王浩威
總編輯—徐嘉俊　責任編輯—徐嘉俊
通訊地址—10684台北市大安區信義路四段53巷8號2樓
郵政劃撥—19546215　戶名—心靈工坊文化事業股份有限公司
電話—02）2702-9186　傳真—02）2702-9286
Email—service@psygarden.com.tw
網址—www.psygarden.com.tw
製版・印刷—彩峰造藝印像股份有限公司
總經銷—大和書報圖書股份有限公司
電話—02）8990-2588　傳真—02）2290-1658
通訊地址—248新北市五股工業區五工五路二號
初版一刷—2013年8月 初版四十一刷—2023年11月
ISBN—978-986-6112-77-5　定價—340元

國家圖書館出版品預行編目資料

擁抱不完美：認回自己的故事療癒之旅 / 周志建著. -- 初版. -- 臺北市：心靈工坊文化, 2013. 08
面; 公分 --（Holistic：085）

ISBN 978-986-6112-77-5（平裝）

1. 心理治療　2.心理諮商　3.說故事

178.8　102012111

心靈工坊 PsyGarden 書香家族 讀友卡

感謝您購買心靈工坊的叢書，爲了加強對您的服務，請您詳填本卡，
直接投入郵筒（免貼郵票）或傳眞，我們會珍視您的意見，
並提供您最新的活動訊息，共同以書會友，追求身心靈的創意與成長。

書系編號－HO085　　書名《擁抱不完美：認回自己的故事療癒之旅》

姓名　　是否已加入書香家族？ □是 □現在加入

電話（公司）　（住家）　手機

E-mail　　生日　年　月　日

地址 □□□

服務機構／就讀學校　　職稱

您的性別－□1.女 □2.男 □3.其他

婚姻狀況－□1.未婚 □2.已婚 □3.離婚 □4.不婚 □5.同志 □6.喪偶 □7.分居

請問您如何得知這本書？

□1.書店 □2.報章雜誌 □3.廣播電視 □4.親友推介 □5.心靈工坊書訊
□6.廣告DM □7.心靈工坊網站 □8.其他網路媒體 □9.其他

您購買本書的方式？

□1.書店 □2.劃撥郵購 □3.團體訂購 □4.網路訂購 □5.其他

您對本書的意見？

封面設計	□ 1.須再改進	□ 2.尚可	□ 3.滿意	□ 4.非常滿意
版面編排	□ 1.須再改進	□ 2.尚可	□ 3.滿意	□ 4.非常滿意
內容	□ 1.須再改進	□ 2.尚可	□ 3.滿意	□ 4.非常滿意
文筆／翻譯	□ 1.須再改進	□ 2.尚可	□ 3.滿意	□ 4.非常滿意
價格	□ 1.須再改進	□ 2.尚可	□ 3.滿意	□ 4.非常滿意

您對我們有何建議？

▲您的意見，我們將轉貼在心靈工坊網站上，www.psygarden.com.tw

廣　告　回　信
台北郵局登記證
台北廣字第1143號
免　貼　郵　票

心靈工坊 PsyGarden

台北市106信義路四段53巷8號2樓

讀者服務組　收

免　貼　郵　票

（對折線）

加入心靈工坊書香家族會員
共享知識的盛宴，成長的喜悅

請寄回這張回函卡（免貼郵票），
您就成爲心靈工坊的書香家族會員，您將可以——

⊙隨時收到新書出版和活動訊息

⊙獲得各項回饋和優惠方案